Cómo Aumentar su Deseo Sexual

JUAN PABLO ÁLVAREZ
NAUJ OLBAP ZARAVLA
Ingeniero-Químico

Asesora, investiga, formula y crea productos para empresas relacionadas con la salud, farmacéuticos y alimentarios entre otros, dirigidos al uso y consumo social.

En la actualidad, desarrolla unos nuevos alimentos para enfermos diabéticos.

Finalista en Idea del Cendro Europeo de Empresas e Innovación de Aragón, Spain, con el proyecto "A chemical process to manufacture a vegetable aggregate", siendo seleccionado también para los Premios Rolex, Switzerland, a los proyectos del bienestar humano.

No sólo necesitamos saber de ciencia sino sobre la ciencia

El autor

Cómo Aumentar su Deseo Sexual

POR
JUAN PABLO ALVAREZ A.
(NAUJ OLBAP ZERAVLA A.)

La edición original de esta obra ha sido ha sido publicada en Español

Obra original del autor Juan Pablo Álvarez A. Ingeniero en Procesos Químicos y Bioquímicos. Desarrollo y formulaciones de productos de laboratorio orgánicos e inorgánicos industriales Farmacia, Cosmética, Salud y sus aplicaciones en la misma. Su experiencia profesional la ha plasmado como empresario y coach en el desarrollo o reactivación de empresas. De nacionalidad española, vive habitualmente entre Aragón y Gran Canaria. España.

Cómo Aumentar su Deseo Sexual
20 Claves que le llevan a nuevos niveles de satisfacción sexual

Primera edición, 2018

Derechos reservados para todos los países

Reservados todos los derechos. Quedan rigurosamente prohibidas sin la autorización escrita del titular del Copyright, bajo las sanciones establecidas en las leyes, la reproducción total o parcial de esta obra por cualquier medio o procedimiento, comprendidos la reprografía y el tratamiento informático y la distribución de ejemplares de ella mediante alquiler o préstamos públicos.

safeCreative Registro de Propiedad Intelectual
© Juan Pablo Álvarez A., 2013
© Juan Pablo Álvarez A. por la portada

**Depósito Legal: Z-1014-2018
ISBN: 978-84-616-9905-6**

Reconocimiento expreso

Este trabajo se publica con el reconocimiento expreso del autor de que se está proporcionando una información divulgativa, pero no tratando de prestar ningún tipo de servicio profesional o técnico, ni sustituir a un servicio de atención médica directa por lo que no debe establecerse para un diagnóstico. En este libro no se realiza recomendación alguna sobre fármacos, técnicas, servicios, productos, etc. Estos solo se citan únicamente con finalidad informativa. Los procedimientos y la información que se presentan en este libro tienen sólo la intención de servir como una guía general. El autor no se responsabiliza en caso alguno de las decisiones tomadas a partir de la información suministrada en el libro ni de los daños y perjuicios que pueda sufrir el usuario o terceros con motivo de actuaciones que tengan su origen en la información suministrada a través de los contenidos del libro.

GRAFICAS Y DISEÑO
Diseño portada, interiores y fuentes libro Juan Pablo Álvarez (Nauj Olbap Zeravla)
Maquetación libro: Fabiola Nevado P.

Dedicatoria

A mi padre, gran maestro, deportista profesional y persona, que me inculcó que debía aprender, una vez hubiera aprendido, debía buscar el saber y que el saber me haría ser libre y dueño de uno mismo ya que es mucho más difícil de asimilar el saber que el aprender. Busca y usa para ello los mejores maestros y consejeros más honestos y sinceros que son los libros, porque ni el temor ni la adulación les impiden decir, lo que ellos piensan que debes hacer.

A mi padre, amigo y confidente, porque las veces que al resbalar tuve que levantarme, sacudir mis ropas y sin ganas de continuar, encontré tus brazos, tu compresión, tu paciencia y el aliento de un ¡Arriba, no es nada, levántate!... y sigamos el camino de la vida.

Gracias por haberte visto orgulloso con tu sonrisa por cualquier logro mío.

Estoy agradecido a estas personas

Quiero mostrar mi agradecimiento a todas y cada una de las personas que me han prestado su ayuda directa o indirectamente para el buen fin de este libro y sobre todo a profesionales especialistas de la medicina urología, psicología, farmacia que leyeron las pruebas de este libro y han aportado sus apreciaciones y sugerencias útiles y que en su modestia no han querido que sus nombres quedarán reflejados porque para ellos el protagonista es el libro.

Sobre todo a uno de ellos, doctor en urología, Félix... ambos crecimos y jugamos en el mismo barrio y por los avatares de la vida no nos habíamos vuelto a encontrar, y a su esposa excelente correctora de libros que también aportó desde ese punto de vista, para la mejor comprensión del mismo.

Estoy doblemente agradecido a Fabiola Nevado que me animó para que lo escribiera así como sus esfuerzos en maquetación, diseño del mismo y preparación editorial de este libro cuyo manuscrito lo trabajó minuciosamente.

A Luis Ángel director de Editorial Una Luna S.L. por sus consejos de experto sobre libros y a Ignacio gerente de Delta Comunicación S.L. gran luchador y conocedor de ese difícil conjunto de oficios, procedimientos o profesiones involucradas en la realización del proceso gráfico, difusión publicitaria, editorial o esculpido como son las Artes gráficas.

Por qué fue escrito este libro

Surgió cuando estaba estudiando y desarrollando las formulaciones de unos productos de carácter sexual en el laboratorio para una empresa.

Por lo que tuve la necesidad de recopilar ciertas informaciones en libros no eminentemente científicos y otras notas de campo de diversa índole, digamos, una investigación cualitativa generales sobre el asunto.

Aparte de las documentaciones meramente técnicas, muy útiles para especialistas como médicos, químicos, etc.

Resultaba difícil encontrar libros de carácter práctico y divulgativo que fuera una guía de orientación para la mayoría de personas que no fueran profesionales especialistas en el tema.

Esto me motivo a escribir un libro de carácter práctico y orientativo que le oriente de cómo actuar, ante ciertas circunstancias de su vida sexual.

Cómo Aumentar su Deseo Sexual

Juan Pablo Álvarez
(Nauj Olbap Zeravla)

Contenido

- 7   Dedicatoria
- 9   Estoy agradecido a estas personas
- 11   Por qué fue escrito este libro
- 15   Introducción
- 17   1.- Tener una actitud mental positiva y mantener el nivel de estrés bajo
- 25   2.- Mantenga un horario constante de sueño, solvente conflictos no resueltos y tenga cantidades óptimas de testosterona y tiroides en el cuerpo
- 31   3.- Tener en cuenta los suplementos que pretenden aumentar la libido
- 33   4.- Alimentos que ayudan a mejorar su vida sexual
- 39   5.- Antioxidantes naturales y sintéticos
- 43   6.- Afrodisíacos
- 51   7.- Una dieta saludable y nutritiva estimula la libido
- 59   8.- Hacer ejercicio físico
- 63   9.- Evite la halitosis
- 65   10.- Considerar el componente psicológico de la conducta sexual
- 67   11.- Prepare la intimidad
- 71   12.- Averigüe qué escenarios producen la chispa mágica para usted y su pareja
- 75   13.- Si está experimentando problemas sexuales que le impiden desear, iniciar o disfrutar del sexo, pueden ser de origen psicológico
- 81   14.- Papel de la testosterona a largo plazo

85	15.- Haga entrenamiento de fuerza y resistencia para aumentar los niveles de testosterona
89	16.- Existen fluctuaciones en su propia libido y las de su pareja, que a veces pueden ser debidas a los cambios relacionados con la edad y etapa de desarrollo
91	17.- Fluctuaciones en el deseo sexual debido a los cambios hormonales
101	18.-Si usted es una mujer cuya libido se ve notablemente disminuida por más de unos pocos meses
103	19.- Si toma medicamentos pueden ser los causantes de la supresión de su libido
107	20.- Productos para una sexualidad satisfactoria
117	Sugerencias que debe tener en cuenta
123	Conclusión libro y Despedida
125	ANEXO 1 Test de inteligencia sexual
135	ANEXO 2 Test de la disfunción sexual femenina
141	ANEXO 3 Test decaimiento sexual masculino
147	ANEXO 4 Test inteligencia emocional TMMS-24
151	Bibliografía

Si desea que su relación funcione necesita ser un buen amante

Amantes son las personas que saben amar. No existe una formula venida del cielo de cómo deben de ser de perfectos en la relación de sus cuerpos en la cama pero sí podemos acercarnos, al por qué hombres y mujeres queremos ser considerados por nuestra pareja como "Buenos Amantes".

La mayoría de las personas desea contar con la información necesaria para convertirse en la persona íntima ideal, es decir, saber a ciencia cierta cómo satisfacer a su pareja.

¿Quién no ha soñado con tener las claves para ser un buen amante con su pareja? William Shakespeare decía...

Sabemos lo que somos pero aún no sabemos lo que podamos llegar a ser.

En su cuerpo se esconde un pegamento extraordinario mediante moléculas químicas, hormonas, etc., mas todos los procesos que tienen lugar en el laboratorio interno de usted hace que se una el amor y el sexo.

En una pareja el amor con el sexo es el pegamento de contacto para que la pareja siga unida

La cama es un espejo de la convivencia

Los sexólogos cuentan habitualmente que las parejas con problemas van a ellos porque éstos han empezado a reflejarse en la cama, pero que cuando esto sucede es que ya hay conflictos en otros ámbitos de la convivencia.

Lo que ocurre es que es prácticamente imposible disimular entre las sábanas.

Usted puede llegar a más cuando descubra, a través de veinte claves de este libro "Cómo Aumentar su Deseo Sexual", las necesidades básicas que debe cubrir y el cómo, para mantener a su pareja feliz.

Mi libro le brinda y muestra qué soluciones hay en la actualidad y qué debe hacer si sufre problemas con su libido.

La frecuencia de disfunciones sexuales es mayor en mujeres que en hombres cifras que bordean el 40% (50% cuando se presenta la menopausia) y 30% respectivamente.

La falta de libido es un gran enemigo de la pareja

1.- Tener una actitud mental positiva y mantener el nivel de estrés bajo

Tener una actitud mental positiva es la más adecuada para encontrar el BIENESTAR EMOCIONAL.

Esto ayudará indudablemente a que su nivel de estrés sea bajo y su deseo sexual se vea favorecido.

Todos los pensamientos van acompañado de emociones (positivas o negativas) que son producción e intercambios químicos entre sus neuronas, los neurotransmisores.

A nuestro cerebro primitivo (parte física del cerebro conocido también como de reptil) esto le resulta satisfactorio, le da placer y le da igual que sean emociones positivas que emociones negativas, cuantas más mejor.

¿Pero qué le pasa a nuestra mente? Con aquello que está creando su cerebro (cerebro reptil o primitivo), a su yo pensante (cerebro cognitivo), si lo que crea mediante esas moléculas transmisoras son emociones negativas usted sufrirá cada vez más y más, haciéndose un bucle que se retroalimenta y no sabiendo cómo salir.

Moléculas que le llevan por la calle de la amargura

Se preguntará por qué ocurre esto en su cabeza. Son ciertas moléculas que se producen en su cuerpo y lo alteran negativamente así como a su cerebro. Estas moléculas hacen sufrir a su mente y a su inmunología. Esto ocurre cuando realiza pensamientos negativos.

Le indico algunas de ellas:

El cortisol, cuando realiza una cadena de pensamientos negativos, su cerebro envía un mensaje a las glándulas adrenales para que aumente desmesuradamente el nivel de **Cortisol** produciendo alteraciones de comportamiento psíquicas y físicas.

Experimentos de laboratorio han demostrado la relación entre la segregación de hormonas de estrés (glucocorticoides) y la destrucción de neuronas en el hipocampo del cerebro

En un trabajo publicado en la revista Nature Neuroscience, la doctora Sonia Lupien y equipo de la Universidad de Mc Gill, en Canadá, revelaron cómo las personas que tienen "altos niveles de cortisol", es uno de los principales factores que influye en el desequilibrio de los neurotransmisores, deja sin flujo sanguíneo aquellas zonas del cerebro más necesarias para tomar decisiones adecuadas.

Las citoquinas (pros inflamatorias) aumentan su cantidad, tras interacciones "negativas", discusiones, etc.

Estas crean inflamación de bajo grado en su organismo pudiendo contribuir entre otros trastornos a un sistema inmunitario fuera de control.

Lo que también afecta su capacidad de percepción y sus emociones.

Podría enumerar otras moléculas pero no me voy a extender porque creo que habrá captado la importancia de crear pensamientos positivos a pesar de las situaciones difíciles que se suelen presentar a lo largo de la vida.

Un minuto con un pensamiento negativo deja el sistema inmunitario (que protege contra las enfermedades) en una situación débil durante seis horas

Cómo escapar de los pensamientos negativos

La escapada a este bucle negativo es la voluntad que se crea en el cerebro evolucionado cognitivo, es su decisión de ir cambiando sus hábitos y sus pensamientos.

Cualquier hecho lo podemos enfocar de dos maneras, en negativo o en positivo.

Enfóquelo por el positivo aunque el hecho sea muy negativo (engañemos a nuestro cerebro reptil o primitivo), así no detectará señales de alarma y no activará esas moléculas trasmisoras.

El cambio no es de un día para otro, pero tenemos la enorme suerte de que la mente es muy maleable (moldeable) por lo que cuando se quiera dar cuenta los pensamientos positivos le vendrán de manera casi automática y el bucle negativo habrá desaparecido.

Podemos cambiar y reprogramar nuestro cerebro, dijo Santiago Ramón y Cajal, premio Nobel de Medicina en 1906: "Todo ser humano, si se lo propone, puede ser escultor de su propio cerebro".

Sentirse bien y seguro de uno mismo, sentirse más sexual y atractivo para la pareja, y la libido funcionará

El estrés físico o mental es un aliado del cortisol (hormona esteroidea) que inhibe la capacidad de su cuerpo para producir testosterona imprescindible para la libido.

Sea hombre o mujer, la testosterona es imprescindible para la libido.

Así que tómese la vida (relaciones, trabajo) de manera que las tensiones le afecten lo menos posible, de rebote cuidará su corazón.

Un amigo mío gerente y accionista de una empresa me decía que un infarto se producía cuando el número de facturas a pagar le pesaban tanto sobre su corazón, que lo aplastaba (murió de infarto), su vida y su testosterona es más importante que cualquier problema.

No se los tome a pecho y piense que

La vida es resolver problemas continuamente

Los problemas van implícitos con la vida, me decía un profesor de la Universidad.

Encuentre el equilibrio laboral, corporal y espiritual, no haga como mi amigo, que no hacía caso a nadie. Si no sabe cómo hacerlo siga leyendo este libro le ayudará a resolverlos y si se siente incapaz por sí solo, le aconsejo visite a un profesional competente, le ayudará.

Nada ni nadie valen tanto como la vida, defiéndela

No pertenezca al grupo Karoshi

Mi amigo indudablemente se creía único, pero no estaba en lo cierto, pertenecía a un ya tabulado grupo llamado Karoshi, término acuñado en Japón hace más de 25 años.

Designaba la muerte por exceso de trabajo en entornos laborales muy exigentes proclives a olvidar la necesidad de descanso periódico e incluso la atención médica.

La muerte en el karoshi sería ocasionada por un accidente cerebro vascular (hemorragia cerebral o subaracnoidea, infarto cerebral) o enfermedad isquémica cardíaca (angina de pecho e infarto de miocardio).

Cuando la tensión emocional excede o sobrepasa, muy por encima, las habilidades y capacidades para dar respuestas al medio donde se mueve por esas andanadas de biomoléculas en su cuerpo y su cerebro, se convierte en estrés negativo o distrés. En ese caso, es un riesgo para la salud.

Los signos más inmediatos de estrés negativo son:

Alteraciones del comportamiento
- Falta de sentido del humor.
- Irritabilidad constante.
- Sentimientos de ira.

- Ganas de llorar.

Alteraciones físicas
- Cansancio permanente aunque no hagamos nada.
- Dolores de cabeza.
- Palpitaciones.
- Hipertensión.
- Falta de apetito o gula desmesurada.
- Problemas digestivos.
- Orina frecuente, diarrea o estreñimiento.
- Dolores o calambres musculares.
- Infertilidad e interrupción de la menstruación.
- Pérdida de memoria debido a que los niveles altos de cortisol daña la conexión entre células cerebrales.
- Disminución de las defensas inmunológicas.

Medios que provocan estrés negativo

Los medios que provocan este estrés negativo cubren una variedad de situaciones...

Desde verse en peligro físico hasta hacer una presentación en clase, en la empresa con sus problemas económicos, embargos, etc., o si es muy joven creer que no va a superar la asignatura más difícil, suspendida varias veces, bulling, continuo y deliberado maltrato verbal y modal por parte de otro u otros, que se comportan con cruelmente con objetivo de someter, arrinconar, amenazar, intimidar u obtener algo de la persona, etc.

No hablo solo desde la teoría, conozco a personas que pasaron por todo eso, en el trabajo por presión de objetivos de resultados, sabían que si no se obtenían, dimitirían, por no decir que perdían su puesto de trabajo.

Empresarios que, por circunstancias que no entran al caso, quebraron, se encontraron en la calle sin vivienda, sin coche, sin dinero, con hijos y un largo etcétera. Como se suele decir, se quedaron con una mano delante y otra detrás, en la ruina y sin saber a quién acudir.

Quizás en su mente aplicaron y se aferraron este dicho...

"No hay mal que por bien no venga"

Todo eso que en aquel momento parecía una montaña insalvable para ellos lo superaron.

Hoy día poseen todo aquello que tenían y mucho más, más dinero, más pisos, más coches, más tranquilidad y más felicidad.

Ellos sin saberlo aplicaron en esas circunstancias pensamientos positivos aun dentro de la presión en esas situaciones tan negativas.

En matemáticas existen los números negativos menos uno, menos dos, menos tres, etc.

En la vida real sólo llegamos hasta el cero.

Si usted ha llegado al cero no puedes ir a menos solo puede remontar, si usted ha sido capaz de obtener una serie de bienes materiales los volverá a tener pero tenga siempre en cuenta que son simplemente cosas.

De importancia a su mente y a su cuerpo ellos son el motor del cambio porque son más difícil de reponer. Cuídelos

Cambie su actitud mental

Respondemos a las diversas situaciones activando el sistema nervioso y ciertas hormonas.

El hipotálamo envía señales a las glándulas adrenales para que produzcan más adrenalina y cortisol y envíen estas hormonas al torrente circulatorio. Estas hormonas alteran la frecuencia respiratoria, la presión arterial y el metabolismo.

Los vasos sanguíneos se ensanchan para permitir una mayor circulación sanguínea hacia los músculos, poniéndolos en alerta. Las pupilas se dilatan para mejorar la visión. El hígado libera parte de la glucosa almacenada para aumentar la energía del cuerpo. Y el cuerpo produce sudor para refrescarse.

Todos estos cambios físicos preparan a la persona para reaccionar rápidamente y eficazmente cuando siente tensión emocional.

Esta reacción se conoce como respuesta al estrés. Cuando funciona como es debido se denomina eustrés o estrés positivo (activación necesaria para culminar con éxito una determinada situación complicada), esta reacción es la mejor forma para que la persona funcione bajo presión.

El estrés no es siempre negativo, siempre y cuando lo sabemos regular y dirigir

Pero la respuesta al estrés también puede causar problemas cuando es extrema y la tensión emocional la sobrepasa, entonces se denomina distrés o estrés negativo (consecuencias perjudiciales de una excesiva activación psicofisiológica).

Los expertos indican que esto puede llevar a la muerte, pero no es el estrés en sí, son las enfermedades que este desencadena (depresión, trastornos psicológicos, etc.).

Sobre todo ataques cardiacos que se producen por exceso de trabajo u otras causas, cómo antes comentaba. Más adelante le indico unas claves para que la situación en que se encuentre cambie, así como aumentar la fortaleza de su mente y la capacidad de manejar las emociones y tomar el control de sí mismo.

Promover los cambios en el presente y futuro
Fortalezca su mente y fortalecerá la libido

La mente (psiquis) es el arquitecto de su cuerpo y puede curarlo. Mantenga ideas de salud perfecta y trasmítalo a su psiquis antes de acostarse. Dé las órdenes justas y razonables como a un sirviente y será obedecido.

Trabaje su inteligencia emocional

La finalidad de trabajar su inteligencia emocional es aumentar capacidad de reconocer sentimientos propios y ajenos, y el conocimiento para manejarlos. Es sentir, entender, controlar, regular y modificar estados anímicos propios y ajenos de una forma idónea.

De esa manera mantendrá el equilibrio emocional; transmitiéndose estados de ánimo que generarán actitudes y respuestas positivas, que contribuyan a un mejor bienestar personal y social.

Puede ser el cirujano más eficiente y eficaz, el mejor arquitecto, el mejor ingeniero, el mejor abogado, el futbolista más famoso, el comerciante con más iniciativa, etc., pero...

Si no tiene en su vida la inteligencia emocional siempre habrá inestabilidad personal

El coeficiente intelectual (CI) sólo es responsable del veinte por ciento de su verdadera inteligencia, de la capacidad de desenvolverse con éxito y ser feliz. Según estadísticas realizadas en los Estados Unidos, un alto coeficiente intelectual (CI) de un alumno universitario no es garantía de éxito profesional futuro ni de una vida satisfactoria, plena y equilibrada.

La Inteligencia emocional es un factor muy importante, más que sólo poseer una inteligencia de pensamiento lógico

Los alumnos más brillantes académicamente no eran los que mejor se defendían en la sociedad ya adultos.

La sexualidad femenina y la inteligencia emocional.

Una investigación del King´s College de Londres que publica el Journal of Sexual Medicine lo siguiente:

Se comparó más de dos mil hermanas gemelas y se constató que

Las mujeres con una mayor inteligencia emocional tenían más orgasmos y una vida sexual más satisfactoria

Su dictamen fue que existe "una vinculación significativa" entre la inteligencia emocional y la frecuencia de los orgasmos durante la masturbación y la actividad sexual con otra persona.

Si no sabe cómo llevar a la práctica su desarrollo de inteligencia emocional puede consultar con profesionales debidamente preparados, en caso de no poder realizarlo por uno mismo, como psicólogos, médicos, coachings, cursos, etc., que se hayan especializado en ello.

A la mente también podemos ayudarla para combatir el estrés con ciertas prácticas como:

- Respirar bien.
- Ejercicio.
- Música apacible y relajante, nada estruendosa, acompáñela con aromas que le gusten y con luces relajantes.
- Haga un viaje, si su economía se lo permite, a algún sitio paradisíaco, a una isla, a una playa, a un lugar enigmático fuera de su rutina, sal de vez en cuando de ella, conoce otras gentes, respira otros aires.
- Relájese con masajes.
- Trate de reír aunque no esté de humor. Con la risa el cerebro produce endorfinas, como las encefalinas encargadas de calmar el dolor y reforzar el sistema inmunitario para combatir enfermedades, además de mejorar el ánimo. Cada vez que ría, gana vida.
- Use la imaginación.
- Desconéctese unos minutos en el día.
  Cierre los ojos imagine un lugar tranquilo que le gustaría estar, y ahí sólo, disfrute enormemente cada detalle, la flora la fauna, el lago con sus aguas cristalinas, el cielo, el ambiente, haga lo que quiera.

Este lugar es suyo, si quiere, recórralo, relájese completamente, combínelo con una buena respiración y...

Permanezca en su paraíso creado una media hora o más, o lo que a usted le guste, porque cuando sienta la tranquilidad y la paz que hacía mucho no sentía, va a querer permanecer ahí todo el día.

Después de que pase un buen rato, vuelva a su rutina diaria ordinaria, verá que se sentirá mejor, más saludable, con más energía y

Se sentirá una persona nueva

No se angustie tratando de poner su vida en orden o intentar cambiar sus hábitos de un día para el otro. Eso sólo le agobiará más. Comience hoy, y de ahí va a más, paso a paso. Simplemente,

Poner la vida en orden requiere un poco de tiempo

2.- Mantenga un horario constante de sueño, solvente conflictos no resueltos y tenga cantidades óptimas de testosterona y tiroides en el cuerpo

Hay casos que los problemas de libido no son causas fisiológicas, sino causas psicológicas, como enunciaba antes...

Bajo nivel de autoestima, estados depresivos, pobre concepto de la propia imagen corporal, ansiedad, historia de abusos sexuales, mala relación de pareja o la falta de deseo por aburrimiento sexual, en el desarrollo de este libro le iré indicando algunas soluciones de cómo paliarlos.

Si no duerme lo suficiente, si tiene conflictos no resueltos dentro de la relación, y si no tiene las cantidades óptimas de testosterona en el cuerpo es fácil que su libido disminuya

En caso de insomnio, la melatonina o N-acetil-5-metoxitriptamina Nº CAS 73-31-4, es eficaz en la inducción del sueño, es probable que éste sea más natural y de mejor calidad que el provocado por los somníferos habituales, con un despertar más fresco y descansado (ver apartado de antioxidantes). En otro capítulo posterior del libro indico otro método no químico que resulta también efectivo.

Un buen sueño le ayudará a aumentar el deseo sexual sustancialmente

¿Es lo suyo un conflicto con su pareja?

Cuando se tiene un problema con la pareja deberá tratar de resolverlo, se debe buscar el momento adecuado y estar lo más tranquilo posible durante la conversación.

Esta es una de las formas más saludable e inteligentes de resolver inconvenientes entre pareja.

La resolución de conflictos no hablados debes solucionarlos serenamente con su pareja.

Antes de abordar una conversación para intentar arreglar el conflicto con su pareja debería saber más de cómo es realmente usted respecto a sus emociones

Cuestione la validez de sus emociones, le pueden estar engañando

Eduque sus emociones

Salovey Doctor psicología social Universidad de Yale y Mayer psicólogo Universidad de New Hampshire, destacaron que a menudo las emociones son presentadas como interrupciones que desorganizan la actividad mental.

Cuando las emociones (se localizan en el sistema límbico del cerebro) son muy intensas pueden producir disfunciones intelectuales o trastornos emocionales (fobia, estrés, depresión, etc.). ¿Por qué sucede esto? Junto a la larga vía neuronal que va al córtex, hay una pequeña estructura neuronal que comunica directamente al hipotálamo con la amígdala cerebral.

Esta vía que es más corta (una especie de atajo) hace que la amígdala reciba algunas señales directamente de los sentidos y emita una reacción muy rápida a otras partes antes de que sean registradas por el neocórtex (cerebro pensante), por lo que la amígdala toma el control y actúa de una forma independiente antes de que el cerebro pensante (cognitivo) sepa exactamente lo que está pasando.

Esto hace actuar a la persona de forma impulsiva y primitiva, en otras palabras, irracional, pues actúa el cerebro reptil sin calibrar los riesgos o los beneficios por lo tanto da usted, por lo general, respuestas nada juiciosas. Su cerebro primitivo tiene un papel importante en su vida, da respuestas automáticas agresivas de depredador cuando ataca, huye, etc.

No deje actuar a su cerebro primitivo

Conózcase a sí mismo

Todas las personas no han desarrollado por igual los resortes de las emociones. No gobiernan adecuadamente sus emociones y no saben interpretar y relacionarse de una forma efectiva con las emociones de los demás. Este tipo de personas disfrutan de una situación poco ventajosa en todos los dominios de la vida.

Suelen sentirse menos satisfechas, menos eficaces y menos capaces de dominar su mente por lo que no tienen control de su vida emocional, se atormentan en constantes luchas internas que minan su capacidad de trabajo y les impiden pensar con suficiente claridad.

De todo esto surge la llamada "Inteligencia emocional de las personas" un concepto acuñado por Daniel Goleman (psicólogo estadounidense, nacido en Stockton, California), que podemos definirla de una forma breve, como la capacidad para reconocer, comprender y regular nuestra emociones y las de los demás.

¿Cómo ser emocionalmente inteligente?

Cuando hablo del término inteligencia emocional me refiero a esa capacidad que nos hace saber enfrentarnos debidamente a nuestras emociones. De manera que hace que podemos salir más airosos de ciertas situaciones comprometidas, entendiendo sus sentimientos y deseos, comprendiendo y conociéndose más a sí mismo, escuchar al otro y sabe ponerse en su lugar, aprendiendo a controlar sus emociones, no ser visceral, controlar sobre todo las negativas (ira, tristeza, frustración, etc.) y saber relacionarlas con sus causas, controlando sus pensamientos y evitando los negativos.

La inteligencia emocional la puede aprender y desarrollar

Si no sabe cómo hacerlo, deberá buscar la ayuda de un profesional en esta materia como por ejemplo doctores en psicología, especializados en ella, etc. No obstante le proporciono en este libro un test sobre su Inteligencia Emocional donde al realizarlo le puede resultar orientativo para conocerse un poquito más en este aspecto (Anexo 4).

No minusvalore esta capacidad y mejórela

Recuerde lo expuesto en la Clave 1 y le sugiero hacer una reflexión sobre estos puntos, le ayudarán cuando hable con su pareja.

Debe ser sincero, pero siempre desde la sensatez.

Lo que ocurre entre dos no es responsabilidad de uno solo.
El egoísmo del otro sólo puede detectarse desde el egoísmo propio.

No se esfuerce para que le entienda el otro sino para entender al otro.

No confunda una pareja para siempre con estar siempre con la pareja. No confunda la estabilidad con la rutina.

La pareja funciona mejor con refuerzos que con esfuerzos

Una pareja no puede funcionar sólo con sexo pero tampoco sin sexo. Convivir implica conceder.

La pareja que dura es la que madura

En el caso de que le fuera muy difícil abordar estos conflictos le aconsejo las ayuda de un intermediario un sexólogo o psicólogo, etc.

Si el caso es fisiológico, hombre o mujer, puede ser debido a una caída de testosterona o sufrir de hipotiroidismo

El hipotiroidismo trastorno hormonal, genera un gran porcentaje de exceso de peso, depresión e infertilidad en las mujeres y apatía sexual tanto en hombres como en mujeres y causa a veces impotencia masculina.

Consulte con un especialista para saber cuál es la cantidad de testosterona óptima de su cuerpo mediante los análisis pertinentes y de tiroides.

Hágase un análisis de nivel de testosterona y tiroides.

Habitualmente el servicio de bioquímica clínica suelen dar los resultados de las dos primeras la TSH (Tirotropina) y la T4 (Tiroxina) y obvia la T3 (Triyodotironina) que debe incluirse así como la triyodotironina reversa (rT3) (hay un análisis especifico aunque en contadas ocasiones es utilizado).

Cuando los niveles de rT3 son elevados (como en situaciones de estrés), puede bloquear los receptores de T3 y los resultados obtenidos indican normalidad y sin embargo la T3 puede estar alterada lo que daría un diagnóstico falso en los casos leves de hipotiroidismo que es lo que interesa en este caso para la pérdida de peso realizados con el protocolo normal en laboratorio.

Nota:

En adultos, las calorías producidas por carbohidratos parece ser el principal factor determinante que regula el nivel de T3. Cuando hay bajo aporte calórico aumenta la síntesis de rT3 y disminuye la de T3.

Hay ciertas causas fisiológicas que son causa de alteración en el nivel de libido.

Algunas mujeres tienen dolor en la zona alrededor de la abertura de la vagina, posiblemente el dolor haga disminuir su libido y demás actividades sexuales.

Si ese es su caso puede tener vulvodinia, "dolor en la vulva", molestia vulvar (la vulva es el área genital externa de la mujer o el área alrededor de la abertura de la vagina).

Es una enfermedad crónica que aparece en forma de ardor y cualquier combinación de dolor, irritación, prurito y/o dispareunia (dolor en el momento de la penetración).

La calidad del dolor puede ser focal o difusa, profunda o superficial y la intensidad varía de moderada a intensa.

Le ayudará si se aplica un gel con lidocaína un poco antes de las relaciones sexuales.

Consulte con su médico si usted ignora de cómo usar este gel u otro similar y si es recomendable para usted.

Si está en la menopausia y sólo tiene sequedad, para evitar la irritación vaginal puede utilizar un simple lubricante vaginal, en otros casos utilizará una pequeña cantidad de estrógeno en crema, tableta o anillo en la vagina, su médico le indicará cual es la más apropiada.

En el ciclo menstrual muchas mujeres experimentan mayor deseo sexual en los días inmediatamente antes de la ovulación

3.- Tener en cuenta los suplementos que pretenden aumentar la libido

En el mercado existen una serie de productos que suplementan los tratamientos y los cuales pretenden aumentar la libido como son, entre otros: Vitamina E, zinc, selenio, magnesio, vitamina C, arginina, vitamina A, octacosanol, Beta-caroteno, vitamina B6 y vitamina B compleja, creatina, etc.

Estos nutrientes mencionados le pueden ayudar a aumentar el número de espermatozoides, mejorar la movilidad de los espermatozoides, mejorar la función de la glándula prostática, aumentar la producción de testosterona y crear un sistema más saludable nervioso, mayor potencia, etc.

Aumentan la producción de testosterona

Suplementos que mejoran su forma física

Los antioxidantes

Mejorarán bastante la forma física y la energía. Complejos que reúnen entre otros ingredientes activos: vitamina C, vitamina E, selenio, y aminoácidos azufrados del tipo L-metionina, N-acetil-cisteína L-cisteína o ácido alfa lipoico), etc.

Cinc

La importancia de este mineral está implicado en la síntesis del esperma, el fluido seminal y la testosterona, con un complemento del grupo B.

Colina

Obtener más energía sexual y alargar el coito, se usa junto a la vitamina B5. Aminoácidos implicados en el buen comportamiento sexual masculino.

L-tirosina

Es un aminoácido que (efecto antidepresivo) aumenta el deseo sexual en el hombre. En dosis, acompañado de vitamina B6 y vitamina C.

L-histidina

Es otro aminoácido que sirve para mejorar las sensaciones del orgasmo y que con este mismo fin se asocia a la vitamina B3, ya que dilata los vasos sanguíneos mejorando la excitación del pene (y del clítoris), así como también liberando histamina, con lo que se aumenta notablemente la intensidad del placer.

L-arginina

Es otro aminoácido que no sólo es útil para aumentar y mejorar el tono de la musculatura, sino que facilita la erección incluso en casos de impotencia, ya que actúa de forma parecida al Viagra. También aumenta la cantidad de esperma, por lo que es usado en tratamientos de esterilidad.

L-carnitina

Recientes estudios han demostrado que la combinación de este aminoácido con la coenzima Q10 mejora la calidad y la movilidad del esperma, por lo que es usado para mejorar la fertilidad y aumentar el vigor en general.

Triptófano

Aminoácido que tomamos con las proteínas que ingerimos con la alimentación, se transforma en 5-HTP que, a su vez, se convierte en serotonina, un neurotransmisor que controla el estado de ánimo, el sueño (la serotonina es precursora de la hormona del sueño, la melatonina), el impulso sexual, entre otras funciones.

Ubiquinona

Conocida como Coencimas Q muestra una función antioxidante, contra la formación de lipoperóxidos o de forma indirecta a través del reciclado de otros antioxidantes lipídicos como la vitamina E, o hidrosolubles como la vitamina C o ácido ascórbico.

Estudios científicos constatan que al hacer actividad física, esta coenzima Q10 es un catalizador en la producción de energía tras quemar la grasa muscular. Por consiguiente ayuda a mejorar el rendimiento durante el ejercicio y posterior recuperación y facilita la pérdida de peso y mejora la libido entre otros.

4.- Alimentos que ayudan a mejorar su vida sexual

Los alimentos son fundamentales para una vida sexual, mejora el deseo sexual, etc., de hecho algunas veces no es necesario recurrir a los medicamentos ya que se encuentran las mayores concentraciones de proteínas, vitaminas, oligominerales, etc.

Estos refuerzan el rendimiento sexual además de darnos otros placeres, la comida y el sexo ambos generan placer, a veces ambos se unen como los alimentos denominados afrodisiacos, aquí indico algunos de ellos y se basan los expuestos en la calidad de sus nutrientes hacia el camino sexual:

Espárragos

Alimentos como los espárragos contienen vitamina E. Esta vitamina es una de las mejores para aumentar la libido, ayuda a liberar hormonas que aumentan sus respuestas sexuales, como la testosterona, la progesterona y los estrógenos. Entre otros efectos, pueden provocar el aumento del tamaño del clítoris y mejorar la lubricación vaginal.

Plátanos

Alimentos como los plátanos (potasio, favorece la fortaleza de los músculos, butofenina mejora el estado de ánimo). Este es un de los trucos sexuales ideales para aumentar su libido y entre sus efectos verá cómo sus contracciones a la hora de alcanzar el orgasmo son mucho más intensas.

Apio

El apio contiene vitaminas A, B, C, P, minerales, oligoelementos. Es excelente para los músculos y ayuda a depurar la sangre. Reduce la cantidad de colesterol. Ayuda a las arterias a combatir la vejez.

Los romanos dedicaron el apio a Plutón, dios del sexo y del infierno.

El apio crudo contiene la hormona masculina androsterona, que puede actuar como feromona para activar la atracción femenina.

Según los doctores Judy y Walter Gaman y Mark Anderson, afirman que el apio propicia la formación de feromonas, las secreciones químicas que, liberadas en el aire, sirven para atraer a los individuos del sexo opuesto.

Según el estudio, el citoplasma del apio contiene androsterona, y su ingestión aumenta los niveles del esteroide.

Ostras

Ostras crudas y las semillas de calabaza (alta dosis de zinc necesario para la producción de testosterona también brindan al cuerpo dos tipos de aminoácidos que aumentan las hormonas sexuales).

Gambas
Contienen grandes cantidades de zinc, que mejora la libido y la producción de esperma. También tienen calcio y magnesio, necesarios para la contracción muscular que ayuda a regular el impulso sexual, el conteo de espermatozoides y la fertilidad. Contienen fenilalanina, (aminoácido que ayuda a regular el estado de ánimo y a mejorar el apetito sexual).

Aguacates
Aguacate (ricos en vitamina B6, que es una importante fuente para la producción de hormonas masculinas, su nombre viene de los aztecas árbol testículos).

Miel
La miel de abeja aporta vitalidad en todos los ámbitos y es especial para el sexo contiene abundante boro, mineral que puede incidir en el aumento del nivel de testosterona, directamente relacionada con la sexualidad, el deseo y la capacidad de tener orgasmo.

Nueces
La nuez es esencial por su gran cantidad de oligoelementos, en nuestro caso, ayuda en la producción de hormonas sexuales.

Melocotones, fresas, etc.
Los melocotones, fresas, etc., son otros de los muchos alimentos que se les atribuyen efectos sobre la libido.

Leche, huevos, etc.
La leche, huevos, hígado, higos, frutos secos, legumbres, carnes magras, levadura de cerveza (contienen niacina, ácido nicotínico, vitamina PP, o más conocida como vita mina B3, tiene efectos en la síntesis de las hormonas sexuales y además proporciona elasticidad en los vasos sanguíneos lo que permite un buen flujo de sangre hacia el pene).

Carne de vaca o de buey
Aumenta la libido y la testosterona. "La proteína de la carne aumenta en forma natural los niveles de dopamina y norepinefrina, dos químicos en el cerebro que aumentan la sensibilidad durante el acto sexual", según indica asesora en nutrición Elizabeth Ward portavoz de la Asociación Dietética Americana.

La carne roja contiene mucho zinc, mineral que aumenta la libido, y su consumo también ayuda a incrementar el nivel de testosterona, al tiempo que limita la producción de SHBG (globulina que evita la hormona del sexo), una sustancia que limita el flujo sanguíneo al pene y reduce la estamina sexual masculina.

Un estudio publicado en "The Journal of Fertility and Sterility" reveló que el solomillo, que contiene gran cantidad de L-carnitina, mejoraba significativamente la calidad del esperma en un grupo de hombres con problemas de fertilidad.

Pollo

La producción de testosterona depende en gran medida del zinc y de la vitamina B6, ambas en abundancia en la carne de pollo.

Helado de vainilla

Contiene altos niveles de calcio y fósforo, dos minerales que aumentan las reservas de energía de los músculos e incrementan la libido. El calcio también hace que los orgasmos sean más explosivos, porque los músculos que controlan la eyaculación se contraerán de una forma apropiada.

La importancia de la vainilla en el helado.

Un estudio realizado en la Fundación de Investigación y Tratamiento de Olores y Sabores, en Chicago, descubrió: cuando los hombres huelen la vainilla se relajan, reducen la ansiedad y las inhibiciones, pudiendo aumentar el flujo sanguíneo al pene.

Ajos

El ajo contiene alicina (aminoácido), un compuesto que mejora el flujo de sangre hacia los órganos sexuales.

El inconveniente que posee es debido al fuerte olor que deja, para que la alicina haga efecto el ajo debe estar picado cuando se consume (no entero).

El chocolate

El chocolate, contiene feniletilamina ayuda a que se libere la dopamina, compuesto químico que brota del cerebro cuando tiene un orgasmo.

Científicos del Hospital Universitario de Colonia en Alemania demostraron que el chocolate negro reduce la hipertensión, lo que podría ayudar a los hombres que padezcan impotencia. Cuanto más porcentaje de cacao tenga el chocolate, mejor.

Tomar con precaución, si come demasiado puede ser causante de obesidad (incorporan gran cantidad de azucares), pero en pocas dosis le dará una sensación de bienestar que por lo tanto le dispondrá a tener un buen sexo.

Zarzamora

Mary Ellen Camire, catedrática de Ciencias de los Alimentos en la Universidad de Maine, en Estados Unidos, menciona que "las zarzamoras son uno de los mejores alimentos para los hombres mayores que tienen problemas de erección", esto es porque contiene mucha fibra soluble que ayuda a eliminar el exceso de colesterol a través del sistema digestivo; además de que contiene gran cantidad de compuestos que ayudan a relajar los vasos sanguíneos, mejorando notablemente la circulación; la sangre podrá llegar con mayor facilidad al pene y la erección que tengas será fuerte y duradera.

Sandía

Investigadores del ARS en Lane, Oklahoma, y sus colaboradores (EE.UU.) han demostrado que la sandía puede tener efectos positivos en los hombres con disfunción eréctil.

Se debe a la citrulina y a la arginina, que disparan la producción de óxido nítrico, un compuesto que relaja los vasos sanguíneos del organismo.

Duraznos

Este fruto es un excelente aportador de vitamina C. Los hombres que tienen la cantidad adecuada de vitamina C, tendrán espermas de alta calidad. Investigadores de la Universidad de Texas descubrieron que los varones que consumieron por lo menos 200 miligramos de vitamina C al día producen mayor cantidad de esperma que aquellos que consumieron una menor cantidad.

Del mismo modo, el esperma se moverá con más agilidad, teniendo mayor oportunidad de llegar al ovulo para su fecundación, asegura el doctor Marc Goldstein, director del Centro Cornell para Medicina Reproductiva Masculina.

El Departamento de Ciencias de la Alimentación de la Universidad de Guelph (Canadá), John Melnyk y Massimo Marcone, hicieron una revisión extensa sobre sustancias naturales con efectos afrodisiacos. Constataron que "los estudios demuestran que el azafrán o extractos del mismo, como la crocina (principal responsable de su color) o el safranal, tienen efectos biológicos en los varones.

Una dosis de aproximadamente 200 mg al día mejora los atributos físicos y su libido.

Ginseng

Dosis de 3.000 mg tienen efectos positivos sobre la libido masculina y femenina. Pero se necesitan más trabajos para confirmar estos resultados.

Sobre todo, no sabemos qué efectos tiene el ginseng natural sobre la libido masculina y femenina.

Otra investigación difundida en 2011 por expertos de la Universidad de Guelph (Canadá) concluyó que existen tres alimentos que sí se pueden calificar como "verdaderos estimulantes del rendimiento sexual" y sobre la libido masculina y femenina

Según estos científicos son:

El azafrán, el ginseng y la yohimbina.

Descubra e indague en su historia de pareja (o su historia personal) cuál es ese alimento que enciende o alarga su chispa amorosa, cada persona es diferente y no todos reaccionan igual a los alimentos.

5.- Antioxidantes naturales y sintéticos

Los antioxidantes son compuestos químicos (no enzimáticos y enzimáticos) que el cuerpo humano utiliza para eliminar radicales libres, que son sustancias químicas muy reactivas que introducen oxígeno en las células y producen la oxidación de sus diferentes partes, alteraciones en el ADN y cambios diversos que aceleran el envejecimiento del cuerpo.

Cuando en el cuerpo incorporamos estos antioxidantes de una forma equilibrada son muy beneficiosos para que el cuerpo funcione perfectamente y...

Permanecerá más joven y su libido saldrá fortalecida

Los principales antioxidantes se encuentran en la vitamina C, E, D, Carotenoides, Flavonoides, Coenzima Q10, Isoflavonas, Ácidos Fenólicos, Polifenoles, Ácidos Carnósicos, Ácido Rosmarínico, Bioflavonoides, Chalconas, Quercetinas, Camferol, Polifenoles, etc.

La complejidad de los productos naturales con capacidad antioxidante constituye uno de los más grandes desafíos para los fitoquímicos y nos ocuparía todo un libro sobre los mismos.

Ejemplos antioxidantes naturales y sus beneficios:

La granada

Contiene antioxidantes naturales. Protegen las paredes de los vasos sanguíneos, permite que pase más cantidad de sangre por ellos y por tanto, tendrás mayor sensibilidad en los genitales.

Vino tinto.

Contiene un tipo de antioxidante, el resveratrol, por lo que le ayudará a relajarse mejor, aunque siempre en una cantidad mínima porque si no, se produciría el efecto contrario.

La capsaicina natural

Se encuentra en alimentos como los chiles picantes, favorece la circulación y estimula las terminaciones nerviosas excitándonos más.

Si quiere aumentar su libido en sus encuentros amorosos, hacer una buena receta mejicana con estos componentes puede ser una buena opción.

El chocolate

La feniletilamina natural. Se encuentra en el cacao en cantidad muy reducida, es un estimulante y es similar a una anfetamina sintética, que hace sentirse bien.

Se le llama "molécula del amor" a la feniletilamina, se produce en dosis altas en el enamoramiento ¿Por qué sucede esto?

En una persona su cerebro primitivo (hipotálamo) tiene creado un mapa mental (elaborado a la edad entre 5 a 8 años) resultado de asociaciones con miembros de su familia, con amigos, con experiencias y hechos fortuitos.

El cerebro primitivo (hipotálamo) graba los rasgos esenciales de la persona ideal a quien amar.

Cuando el hipotálamo detecta esos rasgos del mapa, provoca una sobredosis de feniletilamina y hace que se lance dopamina, adrenalina, noradrenalina, (provoca excitación sexual) que lo hace sentir bien.

Así mismo se produce oxitocina que es un mensajero del deseo sexual y afecto en la mujer, esa llegada de oleaje químico produce ese cosquilleo en el estómago, rubor, aceleración del corazón, respiración agitada y otras sensaciones placenteras que se producen en un enamoramiento. Sensación de bienestar embriagadora. Pasaría horas y horas con su amor sin cansarse (ver más en Clave 20 nuevas generaciones de drogas serotoninérgicas).

El chocolate provoca cierta sensación de bienestar y excitación porque tiene muy mínimamente feniletilamina. Una buena chocolatina o bombones acompañan muy bien.

El salmón

El salmón, las nueces o las pipas de calabaza contienen Omega3, una sustancia que promueve la producción de hormonas sexuales y además le ayuda contra el colesterol.

Ostras

Este molusco es muy popular por sus cualidades afrodisiacas, contiene muchísimo zinc, un componente vital en la producción de testosterona. También contienen ácido aspártico y aspartato, compuestos efectivos a la hora de liberar hormonas sexuales como la testosterona y el estrógeno.

Ejemplos antioxidantes sintéticos y sus beneficios:

El glutatión.

(GSH) (Antioxidante enzimático) nº CAS 78-18-8.- aplicado como desintoxicante celular, mantenimiento de una buena salud, etc. Es la "madre" de todos los antioxidantes. N-acetil cisteína medicina preventiva. NAC se utiliza en la intoxicación del hígado, en la sala de emergencias en casos de sobredosis de paracetamol en el hígado. Desintoxicante vía intravenosa u oral.

Melatonina sintética

N-acetil-5-metoxitriptamina nº CAS 73-31-4 - los déficits de melatonina (disminuye a los 30 años abruptamente) casi siempre van acompañados de los siguientes efectos psíquicos: insomnio y depresión, y paulatinamente una aceleración del envejecimiento.

Los efectos beneficiosos de la melatonina son objeto de controversia entre los que defienden sus múltiples virtudes y los que recomiendan prudencia. Se han ocasionado numerosas patologías en las que la melatonina puede resultar útil, aunque los estudios realizados al respecto resultan aún insuficientes.

En el caso del insomnio, la melatonina es eficaz en la inducción del sueño, es probable que éste sea más natural y de mejor calidad que el provocado por los somníferos habituales, con un despertar más fresco y descansado. Un caso particular en el que la hormona se ha mostrado especialmente útil, es en el insomnio de ancianos; con la edad hay una involución de la glándula pineal, que produce una menor cantidad de melatonina y es frecuente que tengan problemas para dormir.

En España, su comercialización no está autorizada en una cantidad mayor de 1,95 mg. No se vende porque son protocolos nacionales que se establecen a pesar de que otros países europeos y Estados Unidos han legislado y permitido su uso en pastillas de 3 y hasta 5 mg.

Otros antioxidantes sintéticos

Suelen ser utilizados en la alimentación como aditivos Galatos - E 310 a E 312, Butihidroxianisol BHA - E 320 y butihidroxitolueno - E 321, etc.

6.- Afrodisíacos

El origen del término afrodisíaco proviene del nombre de la diosa Afrodita, diosa griega del amor, nacida del mar después que Cronos castró a su padre y lanzó sus genitales al mar (origen mitología griega).

Afrodisíaco natural

Desde siempre han existido los afrodisíacos, en cualquier cultura (antigüedad hasta los tiempos modernos), han contado con diferentes tipos de alimentos y plantas estimulantes para potenciar y mantener mejores relaciones sexuales más placenteras.

¿MITO O REALIDAD?

El placer sexual es uno de los más codiciados y buscados por la especie humana. Desde siempre se han preparado filtros y pócimas de amor, ungüentos y prácticas rituales para atraer al sexo opuesto, potenciar la sexualidad, la fertilidad, etc.

En realidad se discute si el efecto real de lo que se denomina afrodisíaco en términos vulgares, es en algo superior al de un placebo (efecto producido si se le da a una persona un simple comprimido sin ninguna acción o cualquier otra sustancia sin efecto farmacológico alguno, convenciéndola de que se trata de un medicamento y dejando actuar a su autosugestión).

La autosugestión está presente en un espectáculo de hipnotismo.

El hipnotizador no escoge a cualquier persona. Hace subir al escenario a un cierto número de personas.

Charla con cada uno de ellos y hace unas pruebas, eligiendo de entre el grupo a varias de ellas y al resto las hace bajar del escenario, para que la hipnosis surta efecto y no se arruine el espectáculo.

Simplemente el hipnotizador eligió a las personas más sugestionables y les aplico una técnica y ¡o maravilla! las duerme, les hace hacer posturas, desnudarse, etc.

¿Es el hipnotizador un ser con poderes paranormales? Rotundamente no.

Simplemente eligió a las personas más sugestionables, creó el escenario más adecuado y les aplicó una técnica que se puede aprender.

El poder de la mente es muy poderoso

La psique muchas veces hace maravillas. Le cuento un secreto que me contó mi padre. En el año 1936 en plena guerra civil española, por aquel entonces mi padre estaba destinado como practicante, ahora denominados ATS, en un hospital de campaña con heridos en combate.

Los dolores de los heridos eran enormes, personas que les amputaban miembros (piernas, brazos, etc.). Continuamente les pedían a gritos que les dieran calmantes de todo tipo.

Hubo muchas veces que no tenían nada para darles. En esa situación perentoria y desesperada optaron por hacer unas papelinas que llevaban polvo de la pintura blanca de cal obtenida de las paredes, que él mismo raspaba, y dárselas a los heridos como calmantes.

Conseguían en un buen porcentaje que su sufrimiento y sus dolores fueran menores, ganando tiempo a que llegaran los medicamentos.

Si usted cree firmemente en los afrodisíacos, puede llegar a la autosugestión positiva (inducción en la mente inconsciente) si lo suyo es psicológico y no orgánico (ejemplo: bajo nivel de testosterona), puedes tomarlos siempre que cumplan los requisitos legales.

Le pueden ayudar a resultados positivos en su libido

El humano es un ser que vive sugestionado

Mueva su mirada desde el exterior hasta el centro de esta espiral y podrá ver como los puntos blancos aparecen de forma intermitente en su cerebro.

En realidad los puntos no se mueven, aunque usted pueda verlos

Observe en la siguiente imagen el monumento donde posa una bella modelo junto a las columnas

¿Rectangulares o circulares?

Mueva como en el anterior su mirada de arriba abajo del monumento hasta la modelo.

La modelo, ¿está posando detrás de una de las columnas circulares o junto a una de las dos rectangulares?

Debemos darnos cuenta de que una gran parte de nuestras ideas provienen del exterior, todos vivimos de la autosugestión y de la sugestión

La autosugestión positiva puede variar su conducta, pensamientos y emociones

La autosugestión puede ser una importante herramienta a la hora de superar determinados problemas o estados emocionales.

La autosugestión es una forma de influencia psíquica que una persona puede ejercer sobre sí misma

La sugestión y la autosugestión pueden estar presentes en cualquier campo de las relaciones humanas. Existe sugestión, tanto en la curación dentro de las sociedades primitivas como en las curas milagrosas o en el acto médico, tal como lo señaló Freud (1890).

Émile Coué (1857-1926) un psicólogo introdujo un método, que es una técnica de curación y automejoría que se basa en la

Autosugestión de la hipnosis

Aquí le transmito unas indicaciones que puede realizar y que Emile Coue aplicaba, particularmente me han servido para vencer el insomnio y otros temas, que en este libro no es cuestión de extenderme.

Durante un tiempo cuando me acostaba tardaba muchísimo en dormirme, y me despertaba muy de madrugada, era incapaz de dormir (pasaba la noche en vela).

Consulte con especialistas médicos que me recetaron somníferos y tranquilizantes, daban resultados pero pensé que no era cuestión de pasarme el resto de mi vida tomando pastillitas en continuo, algunas de ellas creaban adicción, así que llegué a la misma conclusión que Emile Coue (hace muchísimo tiempo) y apliqué sus máximas.

Al contrario de lo que se piensa, no es la voluntad la primera facultad del hombre, sino la imaginación

Cada vez que hay un conflicto entre la imaginación y la voluntad, cada vez que estamos en el siguiente estado de espíritu:

"yo quiero hacer tal o tal cosa, pero no la puedo hacer"

Siempre es la imaginación la que domina.

No sólo no hacemos lo que queremos, sino que hacemos precisamente lo contrario de lo que queremos.

Cuanto más se esfuerza una persona que no duerme por la noche, más se sobreactiva.

¿Cuál es el estado de la psiquis de esta persona, en este caso?

"Quiero dormir pero no puedo"

Como observará es siempre "*yo no puedo*", que es la imaginación, que predomina sobre "*yo quiero*" la voluntad.

Así pues, es ella la primera facultad del hombre, y no la segunda.

Lo mismo pasa en el caso de la libido.

"Quiero tener más libido pero no puedo". ¿Qué es lo que sucede? que le pasa lo contrario de lo que piensa. Vence la imaginación *"yo no puedo"* ante la voluntad" *yo quiero"*

La primera facultad del hombre es la imaginación

Desde entonces duermo perfectamente, me olvidé de las pastillas, etc. El conocimiento de este hecho es muy importante, si sabe aprovecharlo, puede gracias a ella, convertirse en maestro de sí mismo.

Existen en la tierra personas ciegas, sordas o paralizadas, simplemente porque ellas mismas piensan que lo son. Sorprendente, pero cierto

Cree un lugar idílico con su mente

Lo necesitará. Antes de aplicar las frases de cambio asocie una imagen real o imaginaria mental positiva (no deprimente, ya que desaniman y desalientan, si le viene algún pensamiento negativo, derrotista, etc., elimínelos rápidamente).

Desde un punto de vista bioquímico empiezan a actuar los neurotransmisores negativos (aumento de cortisol, etc.) creando un déficit de los positivos (dopamina, endorfinas, serotoninas, etc.), desequilibrando el sistema.

Pinte imágenes en su mente

Ejemplo:

Creé en mi mente un lago idealista, un lugar imaginario, una Arcadia feliz, llena de equilibrio y armonía según mí entender, aguas azules transparentes, sentado en una barca dejándome llevar, aguas calmas y tranquilas, creaba la temperatura ambiente, un sol que no quemaba, sin ruidos molestos (eliminaba todo lo que no me gustaba, mosquitos, etc.) rodeado de bosque y vegetación.

No había nada ni nadie que yo no quisiera que estuvieran allí. Era mi lago secreto imaginario, ahí solo entraba lo que yo quería, es decir cualquier imagen positiva. Al principio me costó crear esa imagen. Venían a la mente cuestiones negativas, desde escepticismos, derrotistas o de cualquier otro tipo. Pero no me desanimé, así que continué hasta que lo conseguí, hoy día me resulta fácil crear imágenes positivas.

Usted también lo conseguirá

Lo semejante atrae a los semejantes

Cuándo debe hacerlo.

Cada mañana antes de levantarse o cada noche cuando se acueste, cierre los ojos, y repita muchas veces seguidas, moviendo los labios lo bastante alto, debe oír sus propias palabras, sin intentar pensar en lo que está diciendo (si lo piensa, está bien, y si no, ¡sigue estando bien!) y contando mecánicamente la frase que la denominaremos frase objetivo en tiempo presente:

"todos los días, en todos los aspectos, voy de mejor en mejor"

Dentro de esta frase hay cinco palabras clave, son las palabras "en todos los aspectos". Sirven para todo, tanto para los aspectos físicos, como psíquicos; por eso no es necesario darse uno autosugestiones particulares, ya que cada una está incluida en las palabras: "en todos los aspectos".

Hágalo como si recitara una letanía.

Ayúdese del ojo psíquico

Ayudarse del ojo psíquico es interesante cuando uno lo comienza, en principio se lo hará más fácil hasta que se habitúe, más adelante puede prescindir de él.

Lo primero que debe hacer es:

Buscar un lugar tranquilo y sin distracciones donde nadie le estorbe y póngase en una posición cómoda.

Quítese pulseras, collares, relojes, etc.

Si lo hace en la cama las sábanas deben estar suaves, la temperatura óptima y sobre todo que no haya ruidos molestos.

Su cabeza debe reposar muy cómoda sobre la almohada, sus pies sueltos y que su espalda también deberá encontrarse cómoda.

La luz debe ser tenue

Es muy fácil...

Mire el centro de este ojo psíquico fijamente unos cuantos segundos.

Después mire hacia arriba, como si quisiera ver sus cejas.

Mantenga esta postura tanto como pueda y cuando sus párpados no resistan más, cuando esto suceda déjese llevar.

Relájese y cierre sus ojos y comience a respirar profundamente, estará más a gusto, sus ojos se sentirán más pesados pero muy a gusto, no desean abrirse. Déjese llevar y...

Siga respirando profundamente, expandiendo su abdomen al inhalar (en vez de levantar sus hombros). Imagine que se relaja y expulsa, con su respiración, todo el estrés que tiene.

Sentirá el oxígeno llegar a todas las células de su cuerpo y atravesar sus miembros hasta los dedos.

Cree un lugar paradisiaco a su medida y a su gusto por donde usted se mueve o descansa.

Visualice entonces en él una escalera muy alta. Usted se ve ascendiendo por esa escalera donde nuca se cansa, subiendo los escalones uno por uno.

En cada uno, se encuentra su frase objetivo, léala, ésa que formuló al inicio del ejercicio.

Suba todo lo que quiera: la cantidad de peldaños la decide usted, aunque lo imprescindible es que sean muchos. Cuando llegue al final, encontrará un gran cartel donde está escrita su frase objetivo.

Ha concretado su objetivo y se siente tranquilo y alegre.

Comience a descender por la misma escalera, en cada escalón tiene escrita la frase objetivo léala.

Cuando llegue al piso, abra los ojos lentamente y cierre el ejercicio con una última respiración honda, de tal manera que el aire llegue al abdomen.

No obstante le recomiendo que antes de comenzar a practicar con el ojo psíquico lea detenidamente unas advertencias que debe de observar y cumplir escrupulosamente .

Advertencias ejercicio ojo psíquico.
• *Al finalizar este ejercicio, no se levante de forma abrupta, porque podría marearse y caerse. Primero, abra los ojos, mueva manos, pies y piernas, y sólo cuando esté bien despierto, movilícese.*
• *No practique este ejercicio si tiene problemas cardíacos, presión alta o si padece problemas mentales, o se encuentra muy ansioso o angustiado.*

Recomendaciones
Le recomiendo especialmente esta autosugestión, de modo sencillo, infantil, mecánicamente y, sobre todo, sin esfuerzo; tal cual como lo que sigue: "Todos los días, en todos los aspectos, voy de mejor en mejor".
La repetición, a través del oído, hace penetrar mecánicamente en su inconsciente la frase que es una idea:
"Todos los días, en todos los aspectos, voy de mejor en mejor".

Esta técnica actúa de un modo sutil, de manera que acabe notando sus resultados aunque le pareciera en un principio que no sucedía nada

Cuando tenemos una idea en la psiquis, esa idea se hace realidad en el dominio de la posibilidad. Así pues, si la aplica a su mente cada día, usted irá de mejor en mejor con su libido.
Puedes individualizar las frases si es por un asunto específico.
"Cada día, mi libido, va de mejor en mejor"...
La autosugestión es una herramienta excelente cuando se quiere estimular la confianza sexual o para superar una pérdida de la libido.
Introduzca siempre una idea (imagen) positiva dentro de la mente, descenderá a la mente inconsciente y producirá unos efectos automáticos positivos. Las personas podemos autosugestionarnos para mejorar la libido o empeorarla depende de nuestros pensamientos y percepciones.

Si lo hace su libido aumentará

El efecto de un medicamento puede ser positivo incluso cuando es inerte. En el caso de los afrodisíacos por regla general podríamos considerarlos como un placebo impuro porque contiene sustancias con actividad farmacológica pero carece de actividad específica frente a la condición tratada, es más habitual su uso en la asistencia clínica.
Hay que considerar que el hecho de que un paciente responda en un momento determinado a un placebo no significa que padezca una enfermedad psicosomática, o que sea un histérico o un simulador. La respuesta al placebo puede usarse, en ocasiones, como arma terapéutica.

7.- Una dieta saludable y nutritiva estimula la libido

Un cuerpo desnutrido, peso bajo, mal alimentado, obesidad o enfermedades son causas que asimilan una inadecuada cantidad de nutrientes y hace que su libido se resienta.

Con una buena nutrición o en el caso de enfermedades con los tratamientos médicos quizás puede sorprenderle los resultados positivos.

Pero me voy a centrar en la obesidad, que afecta a millones de personas, de por qué el exceso de peso tiene mucho efecto en la vida íntima, es por eso que voy a abordar ese delicado tema.

Una obesidad normalmente es debido a una dieta poco saludable y esto le puede llevar a una bajada de la libido que además puede influir en la relación con la pareja. Porque:

La obesidad reduce la producción de testosterona

Martin Binks, psicólogo clínico y director del Diet and Fitness Center del Centro Médico de la Universidad de Duke (Duke Diet & Fitness Center), explica que si bien existe un patrón cultural que ensalza la delgadez en exceso y que ejerce una influencia no del todo positiva en algunos individuos,

La obesidad baja significativamente el rendimiento y la calidad de vida entre las sábanas

Una investigación llevada a cabo por Binks y un equipo médico de la Universidad de Duke demuestra que:

Las personas obesas son 25 veces más propensas a sufrir problemas sexuales que aquéllas que tienen un peso normal

Su estudio demuestra que hay una diferencia considerable entre la calidad de vida sexual que llevan las personas que tienen peso normal y las que están muy excedidas de peso", explica Binks.

"Cómo la obesidad es una afección que crece a pasos agigantados, hay cada vez más gente que tiene problemas en la cama"

El doctor Fred Pescatore, nos informa que una hormona llamada DHEA, explica es la encargada de controlar el estrógeno y la testosterona: si una persona tiene un sobrepeso considerable, su DEHA hará más estrógeno y menos testosterona. En otras palabras, la grasa hará que se tenga menos hormonas de las que producen deseo y más de las que traen aparejada una falta absoluta de ganas de entrar en contacto corporal con otras personas.

El doctor Mandel explica que un cuerpo obeso tiende a tener sus vasos sanguíneos bloqueados por el colesterol, lo que dificulta la irrigación hacia el pene y hacia el clítoris. Primordial para la erección. Los hombres que sufren repetidos episodios de impotencia o las mujeres que no reciben estímulo en su zona pélvica terminan rechazando la idea de una relación sexual y sufriendo de una apatía absoluta de su libido, que se convierte en un círculo vicioso.

¿Cómo sé si tengo exceso de peso y tengo que llevar una dieta?

Para la definición de obesidad abdominal, se utilizan preferentemente los valores del perímetro abdominal.

Se considera que ésta existe exceso de peso cuando sus valores son mayores de 102 cm y 90 cm, en hombres y mujeres, respectivamente

Clasificación del sobrepeso y la obesidad según los valores del índice de masa corporal (IMC) y el riesgo de comorbilidad.

Su cálculo es muy fácil IMC = Su peso en kg dividido por su estatura al cuadrado en metros

$$IMC = kg. / m^2$$

Definición	IMC = peso (kg) / estatura² (m)	Riesgo de comorbilidad
Bajo peso	< 18,5	Bajo
Intervalo normal	18,5 – 24,9	Promedio
Sobrepeso grado I	25,0 – 26,9	Aumento ligero
Sobrepeso grado II	26,9 – 29,9	Aumento ligero
Obesidad	30,0 – 39,9	Moderado/grave
Obesidad mórbida	> 40,0	Muy grave

Mi recomendación para cualquier persona que esté haciendo una dieta debe estar acompañada con suplementos vitamínicos y oligominerales para hacer frente a las posibles carencias de las mismas en la dieta, hoy día con el procesamiento de los alimentos es fácil que pierdan alguna de estas vitaminas y minerales o simplemente por su tipo de alimentación.

Si su IMC le indica sobrepeso póngase alerta y pierda peso

¿Cómo perder peso?

Seguro que usted ya lo ha estado intentando y no lo ha conseguido ¿por qué lo digo?

Porque seis de cada diez españoles estaban intentando adelgazar en el último trimestre según encuestas fidedignas. Prácticamente casi todos repetían en su idea de perder peso y la mayoría venían de hacer dietas o ejercicios que les habían decepcionado.

Dicho de otra forma. Según encuestas, el 94% de las mujeres y el 88% de los hombres lo han intentado alguna vez en su vida. Muchos de ellos ganaron más peso que el que perdieron.

¿Por qué les ocurre esto?

Porque usted y la gran mayoría siguen un Paradigma alimentario obsoleto. Quizás se pregunte ¿Pero qué diantres es eso del "Paradigma"?

Paradigma

El concepto de paradigma, palabra que deriva del griego paradeigma y que se utiliza en la vida cotidiana como sinónimo de "ejemplo" o para hacer referencia a algo que se toma como "modelo".

El estadounidense Thomas Kuhn, experto en Filosofía y persona respetada del mundo de las ciencias, describió el Paradigma como una serie de prácticas que trazan los lineamientos a lo largo de un cierto lapso temporal.

Un Paradigma marca pautas y directrices como verdades ciertas a unas determinadas creencias a lo largo de un cierto lapso temporal

Cuando se instala nadie puede sacar los pies del plato. Una vez que un concepto se hace norma el paradigma se convierte en invisible e incuestionable

El Paradigma clasifica conceptos y conocimientos que sirven como modelos o ejemplos de comportamientos y la sociedad, sean de la profesión que sean, los absorbe.

Esto se aplica a todas las disciplinas humanas y una de ella es...

"LA ALIMENTACION"

Los Paradigmas se sustituyen a través de un proceso social complejo, la sociedad es reacia al cambio de modelos pues tarda años en aceptarlos aunque sean obsoletos y duran estos hasta que se rompen por las "Anomalías". En la actualidad estamos dentro de un ciclo de transición.

Un paradigma tiene una duración determinada

Le pongo unos ejemplos:
La transición entre la visión de la física newtoniana y la relativista de Einstein.
La transición en mecánica de la mecánica aristotélica a la mecánica clásica.
La transición en cosmología de una cosmología ptolemaica a una copernicana.
La aceptación de la teoría de Lavoisier de las reacciones químicas y de combustión en lugar de la teoría del flogisto, conocida como la revolución química.
La innovación en las ciencias humanas, en la cultura y, como no, en la alimentación.

Las soluciones o vías nuevas de solución, repito, constituyen una anomalía o contratiempo para la mayoría de personas que viven dentro del paradigma

Si las anomalías son coincidentes y alcanzan valores altos, se reconocen entonces como una innovación radical, disruptiva o revolucionaria, mientras no sea así no son tenidas en cuenta por los estamentos. Mientras, pasan desapercibidas o discutidas.

Es por ello que muchas personas comunes, profesionales, etc., son reacias al cambio a utilizar "nuevos métodos" que solucionaría su problema porque están inmersos dentro de un paradigma y por tanto siguen las directrices de un paradigma antiguo que se derrumba.

Las cosas siempre se hicieron igual aquí

No se deje arrastrar por los que creen en un sistema tradicional en cuanto a las dietas. La mayoría de ellos están educados y basan sus dietas en un Paradigma que ya no sirve.

Esto les lleva a que sus creencias se resistan a cambiarlas.

Conducen a la obesidad y a otras enfermedades a millones de personas

No se deje arrastrar por el enorme poder de la costumbre y cambie su manera de pensar

Freud ya dijo que:

"la herejía de una época es la ortodoxia de la otra"

Cuando somos niños nos formamos en un Paradigma y nuestros hábitos, y luego ellos nos forman.

Le voy a relatar un experimento:

Un científico puso a un grupo de 5 monos en una jaula, y en el centro de ella una escalera y, sobre ella, un cesto de plátanos.

Cuando un mono subía, el científico les lanzaba agua fría a los demás.

"Transcurrido algún tiempo, cuando un mono subía, los otros lo atacaban por temor al agua fría".

Pasado algún tiempo, ningún mono se animaba a subir.

Siguiendo con la experiencia, el científico trajo un mono nuevo que hizo subir la escalera, siendo golpeado por los otros, el nuevo integrante no subió más.

Un segundo mono fue sustituido y ocurrió lo mismo. El primer sustituto participó en la paliza con entusiasmo.

Un tercero fue cambiado y se repitió el hecho.

Cuando sustituyó a los últimos quedó un grupo de cinco monos que nunca recibieron un baño de agua fría, y sin embargo continuaban golpeando al que intentaba llegar a las bananas.

Si se les pudiera preguntar por qué le pegaban, la respuesta sería:

No sé, las cosas siempre se han hecho así aquí

El paradigma se acepta sin demostración, es un hábito de hacer algo sin preguntar por qué.

Le recomiendo si quiere perder peso el libro

"PERDER PESO"
Sin pasar hambre ni hacer ejercicio"
Es altamente efectivo

Lo encontrará fácilmente en *www.blogjp.es*, basado en hechos reales. Un libro de referencia que no debe faltar en su casa.

¿Qué dice la contraportada del libro PERDER PESO?

Nos señala un libro original y sugerente que lo diferencia de otros:
"Cómo tratar un asunto que le complica su vida. PERDER PESO es excepcional, sorprendente, se desarrolla a través de argumentos con reflexiones sólidas de investigación, sociológicas, históricas, metáforas y hechos reales que le enganchará de una forma insólita a la vez que entretenida. Le muestra todo lo que hay que saber de forma altamente efectiva y clara de exponer la metodología de cómo perder peso. Hace que le sea fácil de comprender la propuesta total del autor."

Otras técnicas para perder peso no invasivas clínicas

Aquí le expongo una técnica moderna, que según las clínicas que la practican la indican como poco agresiva y que en muchos casos consigue los resultados esperados de pérdida de peso. Se trata de la técnica del

Balón gástrico o balón intragástrico

Estas indican que es un tratamiento para la obesidad no quirúrgico dura 10 minutos, indicado para personas con obesidad leve o moderada que por sí solas no consiguen bajar de peso.

La intervención del balón gástrico utiliza una técnica endoscópica mediante la cual se introduce un globo de silicona vacío en el estómago. Posteriormente se rellena con suero fisiológico para que adquiera volumen y se deja flotando dentro de la cavidad gástrica.

El objetivo que se persigue es el de crear una sensación de saciedad permanente, causada por la presencia del balón gástrico. Este método del balón gástrico debe ir acompañado de una dieta que suele resultar más fácil de seguir como consecuencia de la reducción de las ganas de comer en la persona que lo lleva. Se garantiza una reducción de 15-20 Kg en 6 meses.

Este procedimiento está destinado a cualquier tipo de obesidad.

Desde mi criterio la expongo por ser más conocida debido a las campañas de publicidad en televisiones, etc., aunque hay algunas otras como el cinturón gástrico, etc.

En los Estudios hechos por Avaliación de Tecnoloxías Sanitarias de Galicia (avalia-t) (Unidad que asesora a la Consejería de Sanidad sobre la contribución de las tecnologías sanitarias para mejorar el nivel de salud de la ciudadanía gallega).

Elabora sus informes mediante una sistemática específica, basándose su análisis exhaustivo en la literatura científica, cuya metodología garantiza unos resultados rigorosos y fiables, tratando de evitar sesgos ni recomendaciones propuestas, sobre esta técnica reflejo algunas de sus conclusiones que indica lo siguiente:

No se debe utilizar como primera opción de tratamiento. Antes se deben utilizar técnicas de modificación de comportamiento (dieta, apoyo psicológico, etc.). Parece tener una mayor eficacia con menor IMC que en superobesos. No es una técnica totalmente segura.

En un bajo porcentaje de pacientes puede provocar obstrucción intestinal que haga necesaria una laparotomía.

Cuando se utiliza, debe acompañarse de dietas y control psicológico

Los pacientes con un balón implantado deben ser monitorizados en su seguimiento para evitar o minimizar la aparición de complicaciones.

Esta aplicación del balón gástrico no está exenta de complicaciones leves y en un grado menor, graves (obstrucción intestinal y perforación intestinal presentada como peritonitis).

En cuanto a satisfacción de los clientes que durante los 3 primeros días de implantación hay muchas quejas.

Al final del tratamiento el grado de satisfacción fue del 80%. Totte y Cols indican que el 15% estuvieron muy satisfechos, el 13% satisfechos, el 22% razonablemente satisfechos, en 9% pobremente satisfechos y el 40% totalmente insatisfechos con la reducción de peso conseguida.

Lo que debo advertir es que si se sigue con los mismos hábitos de alimentación anteriores se volverá a ganar peso y se habrá perdido de 3.000 a 6.000 euros.

Fármacos que eliminan grasa

Si ha realizado una ingesta muy alta en grasas puede tomar **Xenical** o un genérico.

Es una píldora destinada a la dieta para los que tienen problemas de obesidad, ingrediente que contiene es **tetrahidrolipstatina**, un inhibidor de la lipasa.

Actúa en el tracto intestinal, hace que la grasa no se digiera ni se almacene evacuando la grasa excedente cuando va al WC (contrastado científicamente existen estudios serios sobre el tema).

HCG Pregnyl 5000 Schering (gonadotropina coriónica) inyecciones o gotas de la hormona del embarazo promueven la movilización de grasas del cuerpo dirigido por facultativo.

Sibutramina su acción es disminuir la ansiedad por las comidas, sobre todo en los que consumen altas cantidades de harinas y dulces.

También tiene efecto sobre el gasto calórico basal y regula la hormona que interviene sobre el apetito, en diferentes países ordenaron suspender su comercialización por sus efectos perjudiciales sobre el aparato cardiovascular.

Si desea disminuir la absorción de carbohidratos en el intestino debe usarse un inhibidor de la Amilasa (enzima que desdobla los carbohidratos en azúcares).

Se obtiene del trigo o de la alubia común blanca, Phasolus vulgaris. Pueden llevar a la pérdida de peso aunque existen pocos estudios serios sobre el tema.

Los inhibidores de amilasa pueden disminuir los niveles de azúcar en la sangre, así que deben tener precaución las personas con diabetes o hipoglucemia.

8.- Hacer ejercicio físico

El cuerpo humano está hecho para permanecer en movimiento.

La inmovilidad habitual produce progresivamente el debilitamiento de los músculos.

El ejercicio debe hacerse a cualquier edad, tanto una persona joven como mayor, ¿pero cómo afecta el ejercicio en el deseo sexual?

Estudios hechos en hombres y mujeres efectuados en la Universidad de California reveló que las personas que realizan ejercicio físico un promedio 40 minutos diarios tienen el doble de actividad sexual y aproximadamente el doble de deseo sexual que aquellas personas que dedican menos de 20 minutos diarios a caminar o correr, esa proporción aumenta en comparación con las que llevan vida totalmente sedentaria.

Los ejercicios físicos activan la actividad sexual

Las personas que incorporan el ejercicio en sus vidas consiguen mejorar su rendimiento sexual

Mientras que las personas que no han hecho ejercicio físico suelen presentar episodios puntuales de impotencia al cabo de 8 a 10 años, según un equipo de médicos de la universidad de Boston (Estados Unidos).

Con el ejercicio, el cuerpo desprende **endorfina**s, sintiendo una sensación de placer y satisfacción.

Cuanto más frecuente es el entrenamiento físico (siempre que no haya un sobre entrenamiento), más endorfinas se liberan y hace que, sea más fácil lograr el placer sexual.

En la 94 Reunión Anual de la Sociedad Norteamericana de Endocrinología que se presentó indicaron que la pérdida de peso asociada a una dieta adecuada junto con el ejercicio en personas de mediana edad en hombres un aumento del 15% de testosterona.

La testosterona se produce sobre todo en los testículos y en los ovarios.

Tanto al hombre como a la mujer, la testosterona aumenta el deseo sexual

Si está bajo en peso, con obesidad severa o mal alimentado, puede causarle una disminución de la libido

Esto es debido a las interrupciones en los niveles normales de hormonas.

La edad no es un inconveniente

Independientemente de su edad debe tratar de mantener su cuerpo y su libido en las mejores condiciones posibles (aconséjese por su doctor el tipo de ejercicio y tiempo de aplicación adecuado para su edad).

Y empiece a hacerlo, ponga voluntad, no sea del tipo de los de buenos propósitos, ya sabe el dicho "de buenos propósitos está lleno el infierno", no se engañe a sí mismo.

Le recomiendo realizar dos tipos de ejercicios:

Anaeróbicos y aeróbicos

Ejercicios anaeróbicos

Significa "sin oxígeno" y son ejercicios de alta intensidad y de poca duración, un ejemplo de ello es levantamiento pesas, carreras de velocidad, abdominales, etc.

Cualquier ejercicio que consista en un esfuerzo breve, es un ejercicio anaeróbico

El ejercicio anaeróbico sirve para adquirir potencia. De actividad física continuada en el tiempo y moderada (no intensa) son ejercicios que requieren gran esfuerzo en poco tiempo. (Cualquier forma de ejercicio rápido y exigente).

Para aumentar testosterona deberá hacer ejercicios anaeróbicos

Otros beneficios entre otros que en su caso serían colaterales que reportan en este caso, fortalecer los músculos, mejorar la capacidad personal para tener menos fatiga, hacer trabajar al corazón y al sistema circulatorio e incrementar la cantidad de oxígeno que se puede consumir durante el ejercicio, por lo tanto, mejorar el estado cardiorrespiratorio.

El ejercicio anaeróbico sirve para adquirir potencia

Requiere un esfuerzo adicional del corazón y los pulmones para aumentar el aporte de oxígeno a la musculatura esquelética.

Ejercicios aeróbicos

Es aquel para cuya realización se exige una demanda de oxígeno continua al cuerpo, de modo que el músculo utiliza como combustible principalmente sus reservas de grasa. Una vez agotado el glucógeno.

Inicialmente, durante el ejercicio aeróbico, que comienza en el momento que debe reabastecerse de oxigeno sus músculos, dentro de los 2 a 3 primeros minutos del ejercicio continuo.

El glucógeno entonces se rompe para producir glucosa.

Sin embargo, cuando éste escasea, su GRASA empieza a descomponerse con el fin de aportar azúcar en la sangre.

Son ejercicios aeróbicos correr, nadar, ir en bici, caminar, etc.

Para perder grasas serán aeróbicos (mejor el de baja intensidad), este tipo de ejercicio utiliza su grasa corporal como combustible

Lo ideal es alcanzar una frecuencia cardíaca de 60 a 90 % de su actividad cardíaca.

Es importante que sepa la frecuencia cardiaca idónea de su corazón para perder peso.

Calculo de la FC máxima (frecuencia cardiaca) con respecto a su edad:

FC máx. = 220 – edad= R (resultado)

A R (resultado) lo multiplica por 0,60 será la Cantidad pulsaciones Mínimas de Trabajo

A R (resultado) lo multiplica por 0,90 será la Cantidad Pulsaciones Máximas de Trabajo

---

Si lo está haciendo bien deberá sudar (mojar la camiseta) y trabajar entre esas dos frecuencias cardiacas.

El promedio de trabajo será aproximado para una persona 70 – 75% de su FC Máxima.

Si su ejercicio lo hace por debajo de su FC Mínima quedará muy bonito pero no sirve para sus propósitos de perder grasas

Si no quiere ir al gimnasio puede utilizar en casa algún aparato muy económico como los Stepper.

Aparatos usuales, entre otros, aeróbicos

Cinta correr, Bicicleta elíptica, Steppers.

Si no quiere utilizar aparatos:

Camine deprisa, las caminatas con cuestas, escaleras, deben durar un mínimo de 40 minutos controlando sus pulsaciones y manteniendo un ritmo constante de forma que oscile entre el setenta y ochenta por ciento de su capacidad como decía antes" que le haga sudar la camiseta".

No beba ninguna bebida que contengan azucares ni carbohidratos pues rápidamente se incorporan como energía glucogénica y no modificará las células adiposas denominadas como **adipocitos** o lipocitos que son las células que forman el tejido adiposo

Combine ambos ejercicios.

Incrementará su fuerza corporal, la resistencia y equilibrará el porcentaje de grasa corporal al cambiar su estilo de vida.

Obtendrá una mejor imagen y aumentará su libido

9.- Evite la halitosis

Aunque lo que le voy a mencionar parezca de perogrullo debe cerciorarse de que no tiene halitosis, porque la halitosis inhibe el deseo sexual de su pareja. Un 29% de las mujeres considera que la halitosis es el principal inhibidor físico de su deseo sexual, según una encuesta presentada por la Federación Española de Sociedades de Sexología.

Este antecedente revela el impacto que el mal aliento puede tener en la vida diaria, reduce la intimidad en las parejas, provoca aislamiento de las personas y disminuye la autoestima, por lo que si usted la tiene se debe poner en manos de un facultativo médico.

Si no es consciente de ello pregúntele a un amigo de su entera confianza.

El mal aliento, principal enemigo del sexo

En la Edad Media, en el país de Gales, la lepra era uno de los tres motivos legítimos de que una esposa podía argumentar para divorciarse de su marido; los otros dos eran el fracaso al tener relaciones sexuales y el mal aliento.

Cómo controlar el mal aliento

Con una buena higiene bucal; uso diario del cepillo y el hilo dental después de cada comida. Eliminará bacterias que producen mal olor por descomposición de los restos de comida, debe cepillarse dos veces al día y usar una vez al día el hilo dental como mínimo, es la mejor opción para alejar el mal aliento y las enfermedades dentales.

Los dentistas e higienistas dentales recomiendan limpiar la lengua con un raspador de lengua, es una herramienta de plástico que raspa las bacterias que se acumula en la lengua.

En el 80% de los casos su origen es la boca, donde «la descomposición de restos de comida, células descamadas, saliva, bacterias, etc. Esto produce unos compuestos volátiles tipo sulfurados, que son la causa última del mal aliento», indica el doctor Miguel Carasol, médico estomatólogo y miembro de la Sociedad Española Periodoncia (SEPA).

Otras veces proviene de ayunos prolongados, consumo de tabaco y alcohol, infecciones respiratorias de nariz, senos paranasales o bronquios, presencia de cuerpos extraños en la nariz, diabetes mellitus, infección gástrica por Helicobacter pylori o consumo de determinados medicamentos.

Para momentos puntuales, puede recurrir a pastas, colutorios o sprays que eliminan las bacterias y elementos que lo producen.

El gluconato de clorhexidina es una sal de clorhexidina y ácido glucónico efectiva para el mal aliento

La clorhexidina es una bisguanida de naturaleza catiónica, por lo que tiene afinidad por la pared celular de los microorganismos, que está cargada negativamente, alterándola.

Tiene actividad antibacteriana de amplio espectro siendo activa frente a microorganismos (Gram+ y Gram-), hongos, dermatofitos y algunos virus.

Estructura Química

$$Cl-\bigcirc-NH-\overset{NH}{\underset{H}{C}}-N-\overset{NH}{\underset{H}{C}}-N(CH_2)_6-N-\overset{NH}{\underset{H}{C}}-N-\overset{NH}{\underset{H}{C}}-N-\bigcirc-Cl \cdot 2\left[HOOC-\overset{H}{\underset{OH}{C}}-\overset{OH}{\underset{H}{C}}-\overset{H}{\underset{OH}{C}}-\overset{H}{\underset{OH}{C}}-CH_2OH\right]$$

Es bactericida a concentraciones altas y bacteriostáticas a bajas concentraciones.

No produce cambios en las resistencias bacterianas ni sobrecrecimiento de microorganismos oportunistas.

Previene la formación de placa, rompiendo la placa existente e inhibiendo la gingivitis. No la mezcle con estructuras aniónicas.

Debido a su estructura catiónica, su actividad se ve reducida en presencia de agentes aniónicos como son los detergentes de los dentífricos, debiendo esperar 30 minutos para realizar el enjuague tras el cepillado dental, lo cual dificulta su correcto uso

La clorhexidina tiene una gran substantividad. El 30% de la clorhexidina se retiene en la boca, unida a proteínas salivares y es liberada lentamente durante 8-12 horas en forma activa.

Los productos que llevan clorhexidina con cloruro de cetilpiridinio y sales de zinc han demostrado su eficacia a la hora de combatir la halitosis

Si el mal aliento aparece tras una comida y no puede lavarse los dientes, y tiene a mano perejil, clavo de olor, canela, anís, lima, o las infusiones de menta, recurra a ellos. Y si en ese momento no tiene acceso a ninguno de estos productos, a mal menor lleve consigo chicles mentolados sin azúcar.

10.- Considerar el componente psicológico de la conducta sexual

Su libido puede disminuir por la pérdida de privacidad y/o la intimidad, el estrés, la distracción, la depresión, factores de stress ambientales (exposición prolongada a niveles elevados de sonido o la luz brillante), la fatiga, problemas de imagen corporal, ansiedad de desempeño sexual.

Si consideramos que en su vida no ha habido abuso sexual infantil, asalto, trauma, o negligencia que entrarían de lleno en visitar a un especialista, puede cambiar su estado mental como le indico con algún ejemplo:

El deseo sexual a menudo se puede activar o desactivar por estímulos ambientales

Evite arruinar usted mismo su estado de ánimo

Quite los siguientes elementos de su dormitorio:

Fotos de sus padres o hijos (que a veces la gente siente que les están "mirando" (lo mismo pasa con las mascotas que les gusta pasar el rato en o cerca de su cama).

Las pilas de papeles, libros y archivos relacionados con el trabajo (y el desorden en general).

Para ayudar a establecer su estado de ánimo:

Seleccione una iluminación que puede ser atenuada con velas o luz. Esta luz debe ser suave, de bajo voltaje, lámpara de espectro completo proporciona la luz más favorable.

Use incienso, aceites esenciales, velas o velas ligeramente perfumadas para crear olores agradables usar olores sutiles pues pulverizar colonias o perfumes en el aire a veces puede ser demasiado intenso y abrumador.

Esperar a su pareja con una cena especial.

El ambiente de la casa y el dormitorio es algo que la libido femenina sobre todo agradece. Dejar esto en el olvido es un gran error pues destruye la ilusión sobre todo hacia la otra persona y más en la mujer.

Planéenlo como una cita y actúen como si fuera la primera vez que van a salir juntos. Compórtense y visitasen como si tuvieran que conquistar al otro por primera vez, sorprendan a su pareja. Si no sabe asesórese diciendo el por qué a un especialista de moda, de belleza, etc., para que cambie su look habitual sin que lo sepa su pareja.

Muestren sus mejores cualidades, coqueteen entre sí y sobre todo no saquen ningún problema a relucir ni se hagan reproches.

Hablar con su pareja y utilizar juguetes eróticos, romperá la monotonía y la rutina

Hay toda una serie de juguetes para adultos como son:

Vibradores, Juegos parejas, Kits, Anillos vibradores, lubricantes vaginales y otros muchos.

Preocúpese por el juego previo con caricias, etc., para estimular al deseo.

Si es hombre no minimice el tiempo de contacto erótico, aparecerá con sus caricias la oxitócica "hormona del amor" la preparará y aumentara su libido.

Si es usted hombre recuerde las mujeres son defensoras del preámbulo erótico

Lo necesitan para incrementar el deseo, para tener buena lubricación y obtener mejores orgasmos.

11.- Prepare la intimidad

Si está planeando una noche romántica con alguien, trate de predisponer su estado de ánimo para que su pareja se positive para la relación sexual.

Freud decía que:

La libido y el aumento de ésta, en la vida de una persona, era directamente proporcional a la capacidad de imaginar, ser más creativo en la vida cotidiana o tener más impulsos artísticos

Así que conforme más actividades artísticas o creativas se tengan, más capacidad de llevar esa creatividad a la cama, se tendrá una relación más satisfactoria.

La educación y creencias religiosas también tienen mucho qué ver con su sexualidad.

De vez en cuando planeen prácticas sexuales que nunca llevaron a cabo antes

Tal vez en los juegos eróticos, lencería, lencería comestible, etc., encuentren algo que verdaderamente les guste.

Nunca es tarde para comenzar a aprender.

Ponga fantasía hará que se sorprenda

Exprima su imaginación, surgirán las fantasías y la creatividad, y el terreno estará puesto, esto sirve para ambos.

Para atizar la lujuria no hay nada prohibido

Cuando la mujer cuenta con un hombre que, comprende su sexualidad, fantasías y pensamientos ocultos. Si no la hace sentir avergonzada o reprimida por decir lo que siente o quiere...

Este hombre para ella será un buen amante

Recuerde...

En los hombres predominan los estímulos visuales, en las mujeres abundan los susurros y un escenario de romance aunque hoy en día desean prácticas sexuales como ver películas eróticas juntos, juguetes sexuales, tener sexo con más de una persona del sexo opuesto o del mismo sexo.

Hacer un trío. Intercambio de parejas, o que otros los miren mientras tienen sexo, (el voyeurismo aumenta la libido, se inició en Inglaterra y se extendió por Alemania, Francia, Bélgica, Italia e Irlanda, y está creciendo como la espuma en EEUU y Canadá).

Hay parques campo abierto y otros lugares, donde acuden voyeurs (dogging) mientras las parejas practican sexo consentido ante el voyeur saben que las están viendo (swinging) los cuales pueden llegar a participar a modo de "swinger" (si existe intercambio de parejas) o a título individual.

Y apreciados lectores les doy un avance de lo que hay, como es el "toothing".

Los ingleses lo inventaron como otra nueva forma de mantener contactos sexuales

El "toothing". Esta práctica combina el "bluetooth" y el sexo casual.

El escenario son lugares públicos (trenes, aeropuertos, bares...) y los protagonistas, personas con ganas de tener sexo casual.

Se comunican a través de teléfonos móviles con conexión "bluetooth", wifi, internet aplicaciones.

Como observa existen variables, todas ellas son válidas, aunque no por eso tiene que realizarlas.

Lo que sí le es necesario saber es que el mundo evoluciona y que ambos lleváis, como pareja, la misma velocidad en la sexualidad.

Si hay un desfase, deberán hablarlo y sincronizarse sin que ninguno de los dos se quede frustrado, si no a la larga será funesto para la pareja.

Las pulsiones eróticas desde que existimos siempre han sido las mismas, ven la luz a medida que se eliminan las represiones sobre todo hacia la mujer en el mundo occidental.

En otros países considerados como no occidentales las pulsiones eróticas de la mujer quedan ocultas y totalmente reprimidas.

El sexo es el 60% el otro 40% es el amor

¿El vino aumenta el deseo sexual femenino?

Trate de evitar comer y beber en gran cantidad, (vino y otras formas de bebidas alcohólicas en muy pequeñas cantidades puede ayudar a las personas a desinhibirse y aumentar su deseo sexual).

El alcohol en mayor cantidad reduce la libido, es un depresivo, hace que algunas personas se sienten deprimidas, o se sientan tan relajados que quieren conciliar el sueño.

El alcohol también afecta a veces el rendimiento sexual en algunas personas, a menos que tenga otros planes como no tener relaciones sexuales.

Un estómago lleno puede ser una sensación incómoda, y muy a menudo caer dormido.

El café y el chocolate son geniales para comer de antemano. Ambos alimentos se consideran afrodisíacos porque producen estados de ánimo positivos, proporcionan la energía (cafeína) y aumentan la resistencia física.

Las bebidas alcohólicas en muy pequeñas cantidades pueden ayudar a las personas a desinhibirse y aumentar su deseo sexual

El vino con un consumo moderado "aumenta el deseo sexual femenino"

Un estudio, publicado en el Journal of Sexual Medicine (Revista de Medicina Sexual). (Fuente BBC Ciencia 27-7-2009) de una universidad italiana, determina que:

El consumo moderado de vino tinto puede aumentar el deseo sexual femenino.

El estudio excluyó a las que bebían más de dos copas diarias. Fue llevado a cabo en la Universidad de Florencia, se basó en testimonios de 798 italianas de entre 18 y 50 años en la región de Chianti, en la Toscana.

Las mujeres fueron clasificadas en tres grupos, según su consumo diario habitual de vino: las que consumían entre una y dos copas de vino, las que bebían menos de una copa diaria y las abstemias. Las que tomaban más de dos copas fueron excluidas, para descartar la posibilidad de ebriedad.

Las mujeres todas consideradas sexualmente sanas respondieron un cuestionario con 19 preguntas orientadas a medir su "índice de funciones sexuales femeninas", una medida usada en otros estudios científicos sobre la sexualidad de la mujer.

De acuerdo con las respuestas, el grupo que presentó los mayores índices de deseo fueron las mujeres que tomaban entre una y dos copas diarias. Los médicos concluyeron que

"Hay una relación potencial entre la ingesta de vino tinto y una mejor sexualidad"

Fueron las mujeres que toman entre una y dos copas diarias las más "deseosas"

Una de las teorías del equipo de médicos italianos es que los componentes químicos del vino tinto pueden aumentar las funciones sexuales al aumentar el flujo sanguíneo hacia áreas "clave" del cuerpo.

Sin embargo los autores del estudio, publicado en el Journal of Sexual Medicine (Revista de Medicina Sexual), aclaran que no encontraron "ninguna diferencia significativa entre los grupos respecto a la incitación, satisfacción u orgasmos".

"El resultado debe ser interpretado con cautela, ya que la muestra fue pequeña". Indicaron.

Otra conclusión llamativa que se desprende del estudio es que, aunque la edad suele relacionarse con la pérdida de libido, las bebedoras de vino eran, en promedio, de mayor edad que los otros dos grupos.

12.- Averigüe qué escenarios producen la chispa mágica para usted y su pareja

El deseo sexual está asociado con escenarios diferentes para diferentes personas.

Cada persona a veces oculta sus pensamientos eróticos por diferentes circunstancias, debemos intentar saber cuáles son de una forma sutil (esto se aplica hasta en la empresas, conocer el producto y el mercado, gustos del consumidor, etc., antes de vender su producto y además se lo recompren).

Hable con su pareja acerca de las escenas de los libros, las películas, y las fantasías románticas o que encuentre interesante sexualmente.

Si no se lo comenta indague de otras formas y sorpréndalo.

El sexo está dentro de una caja mágica que es el cerebro

En él se guardan secretos y fantasías ocultas que si lo pregunta no se los dirán, los tiene que descubrir.

¿Ha visto la película Belle de Jour?

Belle de jour es una película francesa dirigida por Luis Buñuel, basada en la novela del mismo título de Joseph Kessel.

"Belle de nuit" en francés es un término eufemístico para referirse a una prostituta en un lenguaje políticamente correcto.

Ganó un León de Oro en el Festival de Venecia. Año 1967

La película alterna de manera natural y sin previo aviso, realidad, sueños eroticos y fantasías

La protagonista Séverine (Catherine Deneuve) es una mujer que está casada con un médico a quien ama pero con el cual es incapaz de mantener relaciones íntimas.

Ella tiene pensamientos y fantasías eróticas, hasta que un día va a una casa de citas y comienza a trabajar allí durante las tardes al mismo tiempo que se mantiene casta en su matrimonio.

El deseo sexual refleja a una parte concreta de la vida, una dimensión del mundo aún no comprendida

No es necesario volver a crear todos los detalles de esas escenas.

Ponga un poco imaginación a su relación sexual

Con un poco de imaginación, la improvisación de rol, puede incorporar uno o dos elementos clave de la escena como un traje o un accesorio creando un escenario que pueda animar el ambiente.

A veces es mejor tomar un enfoque más discreto si es nuevo en el juego de roles con su pareja.

A menudo sólo el indicio de algo que alguien encuentra particularmente emocionante, puede ser suficiente para mejorar vuestra experiencia.

Ser repetitivo y pensar sólo en lo que le gusta a usted le llevará al fracaso

No sea repetitivo y piense siempre lo que le gusta a su pareja y no sólo lo que le gusta a usted, con el fin de que no haya un desgaste, un aburrimiento, una rutina, hay que reinventarse, sorprender.

Por ejemplo hacer un juego de cita como si fueran a verse por primera vez. Aunque me repita, dé una sorpresa, acérquese a lo que le guste a su pareja por lo cual:

Cada uno se debe vestir por separado, si tienen posibilidades, como indiqué anteriormente cambien su apariencia de forma diferente pueden asesorarse para estar actuales, cool, por profesionales de peluquería, estética, ropa, etc., indicándoles sin rubor por qué (a veces el profesional tiende a seguir su línea, eso no les sirve, su pareja debe ver un cambio, una sorpresa, una diferencia), es decir...

Arréglese como si quisiera seducir a esa persona

El encuentro puede ser en un restaurante, pub, un hotel u otros lugares.

Les recomiendo algo que sea un lugar no convencional que para ustedes sea novedoso y sofisticado, como es un apartamento privado por horas. Asegúrese de que sea de alto standing que crean una atmosfera íntima, acondicionada y elegante, etc. (no queden donde siempre han quedado).

No vale tocarse abiertamente con la confianza habitual.

En definitiva...

No haga lo que siempre ha hecho porque si lo hace obtendrá lo que siempre ha obtenido

Esa semana no hacer el coito, si tienen ganas bésense, acaríciense, pero no hagan penetración.

En la próxima semana vayan a un apartamento privado como le digo, de alto standing incorporan además de amabilidad, hidromasaje, videos champan, bebidas para cocteles, reposterías y si usted desea cena, etc.

Ahí tienen lo que ustedes necesitan. Un sitio ideal para el amor.

Son el lugar de encuentro para todo tipo de parejas, amantes, affaire y para satisfacer todo tipo de fantasías

Mujer: si llora frente a su pareja, podría reducir su apetito sexual

Los elementos químicos de las lágrimas emocionales emiten un olor que el hombre percibe, le baja la testosterona y se le reduce el apetito sexual.

No le pida a su pareja masculina que vea con usted una película romántica que le haga llorar inconteniblemente, es un mal escenario, si después lleva la idea de tener relaciones sexuales.

Tampoco parece que le convenga intentar resolver las desavenencias entre ambos con un drama de llanto.

Los hombres detestan cuando una mujer llora, especialmente cuando la de ellos llora

No saben cómo reaccionar, ni entienden (usted tampoco lo sabe) por qué les molesta.

Es que su cuerpo tiene una reacción espontánea involuntaria ante el llanto emocional: se les reduce el interés sexual.

Unas pocas lágrimas son suficientes para reducir dramáticamente en el hombre los niveles de testosterona y la excitación sexual.

Uno de los estudios más importantes sobre el tema lo hizo el Instituto de Ciencia Weizmann en Israel. (Fuente The Huffington Post |29/08/2012).

El objetivo de la investigación era estudiar los conceptos de empatía y emoción.

Primero recogieron las lágrimas de mujeres que lloraban excesivamente cuando veían una película triste.

Después escogieron a dos grupos de hombres. A un grupo se les dio a oler unas almohadillas empapadas en lágrimas.

A otros se les dio a oler almohadillas empapadas en agua salina.

Luego se les mostró fotos de mujeres a ambos grupos.

El grupo que había olido las lágrimas encontró a las mujeres menos sexualmente atractivas que el grupo que había olido las almohadillas de agua salina.

Eso no fue todo. En el grupo que olió las lágrimas, la excitación sexual se redujo de manera dramática.

Esto se confirmó de tres formas: los sujetos lo dijeron, se hicieron exámenes de testosterona en la saliva y se realizaron resonancias magnéticas del cerebro.

El nivel de testosterona había declinado significativamente y las regiones cerebrales asociadas con la excitación sexual reflejaron mucha menos actividad en los hombres que olieron lágrimas.

Aunque se llora por muchas razones, las lágrimas provocadas por emociones tienen una configuración química diferente a las lágrimas causadas por irritaciones de los ojos.

En la mujer, el componente químico de las lágrimas emocionales envía mensajes de falta de interés sexual

¿Cómo lo percibe el hombre? Por el olfato.

Los componentes químicos de las lágrimas emocionales emiten un olor que el hombre percibe involuntariamente, le baja la testosterona y se le reduce el apetito sexual.

Es interesante que el llanto del hombre afecte a la mujer de manera muy distinta.

En la cultura masculina, llorar implica poca virilidad o debilidad, y el hombre reprime mucho su llanto frente a las mujeres.

Sin embargo,

Cuando el hombre llora, la mujer lo encuentra humano, real y piensa que es un verdadero hombre, el hombre ideal y hasta ¡sexy!

13.- Si está experimentando problemas sexuales que le impiden desear, iniciar o disfrutar del sexo, pueden ser de origen psicológico

Debe buscar la ayuda de un doctor especialista en terapia sexual.

Los doctores especialistas tratan a las personas por cuestiones como la impotencia o pérdida de placer sexual que puede surgir de una depresión subyacente no diagnosticada.

Proporcionan psicoterapia para personas y parejas, y a menudo les asignan "tareas" para ayudarles a tomar medidas en casa para recuperar los niveles normales de funcionamiento sexual.

Le enumero algunos de esos problemas...

- Psicológicos o psiquiátricos: Es el caso del alcoholismo, cuadros depresivos o ansiosos y raramente brotes esquizofrénicos.
- Dificultades de relación interpersonal o de un intenso estrés (bastante frecuentes)
- Ansiedad asociada al miedo al fracaso cuando ejerce la actividad sexual o a la ansiedad de no estar a la altura de llevar a cabo el coito de acuerdo con las expectativas de la pareja.
- Expectativas poco realistas sobre sí mismos (ignorancia y errores sexuales), sus parejas y/o incumplimiento del papel sexual que se le supone asignado, junto a desconocimiento de la anatomía sexual y de alternativas satisfactorias al acto sexual.
- Problemas de comunicación de la pareja ante la existencia de elementos perturbadores de la relación (dificultades laborales, deudas contraídas...).
- La baja autoestima, da lugar a una disfunción sexual si se asocia a la presencia de una pareja poco complaciente, que ignora sus motivaciones en la relación sexual.
- Las actitudes negativas en relación con la actividad sexual como una excesiva rigidez en los puntos de vista acerca de la misma pueden crear profundos bloqueos. Ejemplo las creencias religiosas o la educación recibida influyen con frecuencia de forma decisiva en los patrones de expresión de la actividad sexual.

Existen factores ambientales que contribuyen a mantener las dificultades sexuales, tales como condiciones domésticas opresivos, ambiente excesivamente concurrido que dificulta la intimidad o incapacidad para poner los medios que tiendan a conseguirla, niños pequeños que no duermen, presiones financieras o laborales, etc.

Lo que he enumerado suele llevar a la persona que lo sufre a una sensación psicológica de fracaso-angustia.

Le recomiendo que aplique lo que le indicaba en el capítulo 1, 2, 5 afrodisíacos naturales, en el apartado autosugestión hipnótica, si usted ve que se siente incapaz de aplicarlas acuda a psiquiatras, psicólogos que sean expertos contrastados que apliquen la hipnosis es decir el método Emile Coue.

Que podrán darle también unas u otras alternativas, una vez bien diagnosticado su caso particular, como son los recetados por especialistas:

Algunos fármacos entre otros que son recetados por especialistas

A título de ejemplo:

Eyaculación precoz

Neurolépticos sedantes aplicación de dosis bajas de (tioridacina, 10 mg/día).

Antidepresivos tricíclicos (clomipramina, 20 mg/día) o ISRS (fluoxetina en gotas, 5-10 mg/día).

Disminución de la libido y retraso en la eyaculación

Antidepresivos (tricíclicos, ISRS), ciproheptadina (efecto antihistamínico y serotoninérgico) o metilfenidato (efecto adrenérgico).

Ansiedad o inhibición intensas en el momento de la relación

Benzodiacepinas de acción rápida en dosis bajas antes de comenzar la estimulación.

Impotencia

Yohimbina, 6 mg/8 horas (efecto alfabloqueante). Citrato de sildenafilo (Viagra)

Sequedad vaginal

Lubricantes vaginales.

Miedo al fracaso

Benzodiacepinas de acción rápida en dosis bajas antes de comenzar la estimulación. Testosterona. Y otros que ya he enumerado en puntos anteriores.

No deje que el pudor arruine su vida sexual.

Podemos definir el pudor como el sentimiento que impide mostrar el propio cuerpo o tratar temas relacionados con el sexo.

Desde la perspectiva psicológica podría considerarse al pudor y la vergüenza como un indicador clínico, ya que cuando aparecen, es porque algo de la división del sujeto se ha tocado.

Las personas, como animal sexual, no están naturalmente capacitadas para equilibrar su impulso sexual.

La biología las impulsa a perpetuar la especie.

(Freud, 1896) Cuando Freud dice que sólo se reprimen representaciones de contenido sexual, que pueden despertar la excitación sexual, nos indica que lo reprimido es igual a lo sexual, lo que se reprime son representaciones sexuales.

En realidad lo que se quiere cercenar es el goce sexual

Los contenidos reprimidos, que son sexuales, son los que producirán la excitación somática (se aplica a la parte corporal y material de un ser, en contraposición a su parte psíquica). A pesar de que el cerebro cognitivo quiere controlar de manera estricta las condiciones externas, aparecen factores internos del subconsciente inesperados, incontrolados que ejercen una influencia sobre nosotros de tipo sexual que el cerebro cognitivo se escandaliza y los quiere eliminar, en este caso lo que experimentamos como mal no es la cosa en sí, sino el que se exteriorice y entonces lo convertimos en un deseo sexual oculto (reprimido), que es el que le daría realmente el goce sexual.

El pudor es vergüenza que no siempre se refiere a actos negativos, hay cosas buenas que también nos avergüenzan como en el sexo son deseos ocultos, etc.

Esos deseos ocultos son los que debe hablar con su pareja o con la que puedes ser su pareja sin tapujos, si tenéis afinidad sexual oculta (no confundir con amor).

Consensúe esos deseos con su pareja.

Y prueben esos caminos, cuanto más claro esté todo, más van a disfrutar.

Recuerde buen amante no nace, se hace

Disfrute de su cuerpo y del cuerpo del otro, deje a un lado los incómodos tabúes, pudores y vergüenzas y las ideas que bloquean su mente, provienen del cerebro cognitivo (racional) que le reprimen y le alejan del placer, deje fluir los deseos ocultos que lleva dentro y que provienen del cerebro primitivo (hipotálamo).

El cognitivo en este caso es el que le reprime (aflorando toda una serie de represiones no naturales sino enseñadas) y el otro psiquis es el libre sin tabúes, le recomiendo que no lo ahogue déjelo fluir, también es usted.

El sexo es para vivirlo

Como me dice un amigo ¡es lo único que hasta el momento la Hacienda Tributaria no me puede cobrar por su uso!

Los expertos calculan que en un 60%, la felicidad de la pareja depende de su actividad sexual.

El pudor oculta valores sexuales positivos

Le aclarará más aun la perspectiva psicológica cuando leas lo siguiente.

Inteligencia Sexual

Este término acuñado como Inteligencia Sexual se fundamenta en medir la capacidad erótica de la persona y es parte de la Inteligencia emocional que entre otras cosas nos lleva al conocimiento de "Conciencia de nuestro yo secreto", saber el de nuestra pareja sexual, desarrollo de nuestra inteligencia sexológica y empatía, interconexión y comunicación con los demás.

En definitiva es "ser consciente de qué le atrae realmente y de las repercusiones, con los que queremos actuar, de nuestro comportamiento sexual y comunicarlos para llegar a un consenso sexual satisfactorio para ambos.

Registro de lo Simbólico

Otro cerebro de reciente aparición en términos evolutivos con el cerebro primitivo, es el neocórtex.

Podemos compararla a una hoja de tejido doblada, de unos tres milímetros de espesor que el humano ha desarrollado a modo de casquete pensante y que arropa el resto de la materia gris denominado neocórtex situado dentro del córtex, asiento o soporte principal del Registro de lo Simbólico.

Es el almacén de la conciencia del yo secreto que es donde están nuestros prejuicios, represiones y nuestros deseos sexuales.

A partir de esos registros almacenados desde la infancia y al ser estimulados surgen reacciones bioquímicas que nos llevan a desear diferentes tipos de reacciones sexuales.

A título de ejemplo, una descarga de **feniletilamina** cerebral puede llevar a la lujuria, mientras que la secreción de **oxitocina** refuerza los lazos emocionales que propician la monogamia

El orgasmo se puede resumir en una secuencia de reacciones químicas electrizantes.

Irwin Goldstein, urólogo de la Universidad de Boston, afirmaba que "el cerebro es el órgano sexual más importante".

El neocórtex otorga al erotismo humano una dimensión que podemos estudiarla desde este concepto de Inteligencia sexual.

No es un talento innato sino adquiridos, tanto positivos como negativos están ahí.

Esas habilidades dirigidas hacia la sexualidad satisfactoria, las personas pueden adquirirlas, desarrollar y dominar con el tiempo.

De esta forma se resuelven muchas de las disfunciones sexuales en el hombre y la mujer, así como la eliminación de represiones, inhibiciones mal entendidas, etc., y obtener unas relaciones satisfactorias entre ellos (interconexión).

En la antigüedad el oráculo de Delfos decía "conócete a ti mismo (su yo secreto)" y yo añadiría "y el de su pareja sexual". Sería la clave de la inteligencia sexual

Su sabiduría o cociente sexual puede medirlo en el ANEXO 1 donde incluyo un test orientativo para que la pueda conocer.

No piense que es el único si a usted o a su pareja le ocurre alguno de los casos que he enumerado, no dude y consulte con un médico o facultativo especialista en sexología.

14.- Papel de la testosterona a largo plazo

El papel que juega la testosterona en la regulación a largo plazo del deseo sexual es tanto para mujeres y hombres.

Cuando hay alteraciones o desequilibrios de la hormona testosterona pueden tener efectos importantes sobre el estado de ánimo, la función cognitiva y de la libido.

La libido de la mujer, y el interés en iniciar relaciones sexuales, responde a los suplementos de testosterona.

A los hombres también se suele administrar suplementos de testosterona por sus médicos para tratar los niveles de testosterona anormalmente bajos, aumentar la libido y mejorar el rendimiento sexual.

Tanto en los hombres como en las mujeres la producción natural de testosterona tiende a disminuir con la edad

La caída puede ser acelerada por el tabaquismo, consumo excesivo de alcohol, la obtención de una cantidad excesiva de grasa corporal y la inactividad física.

Así mismo el consumo alto de la soja indican, investigadores de nutrición Fallon Sally y María de la Fundación Weston A. Price de EE.UU (grupo de presión que pretende prohibir la fórmula infantil de soja) ya que sostienen que contiene fitoestrógenos, sustancias químicas (hormonas ováricas como los estrógenos y progesterona propias de la mujer), responsables del desarrollo de los caracteres sexuales secundarios en la mujer, efectos depresivos entre otros.

Por lo tanto... La soja puede causar efectos estrogénicos en el cuerpo humano (femenino y masculino) si se utiliza de una forma indiscriminada como son los alimentos.

Crearan desequilibrios hormonales no deseados y por lo tanto afectar a la libido por su desequilibrio con la testosterona que quedaría desequilibrada.

Los niveles de testosterona de forma natural de los hombres son máximos en las horas tempranas de la mañana, así que si usted y su pareja han estado experimentando dificultades para tener sexo (o si el interés de su pareja en las relaciones sexuales se ha ido desvaneciendo últimamente), traten de tener relaciones sexuales por la mañana.

Asegúrese de que tiene suficiente tiempo antes del trabajo para divertirse, ya que los pensamientos de llegar tarde al trabajo pueden amortiguar el estado de ánimo.

Un tratamiento que actúa sobre el deseo masculino asociado a la andropausia son los parches de testosterona

Justificada cuando hay bajos niveles de testosterona.

En las mujeres, la testosterona también juega un papel importante.

Con la menopausia, además de una caída significativa del nivel de estrógenos, también hay una reducción en la producción de testosterona. Los bajos niveles de esta hormona en la mujer se asocian a una disminución del deseo sexual, con reducción de los pensamientos y la excitación.

También aplicable esta terapia con testosterona a la mujer

La testosterona, hormona masculina, funciona en las mujeres.

La realidad es que las mujeres tienen testosterona en su sistema y que esa hormona es tan importante para el deseo sexual femenino, como para el masculino.

Antes de la menopausia, la producción diaria de testosterona (mitad en los ovarios, mitad en las glándulas suprarrenales) es de unos 300 nanomoles (ng).

En mujeres menopáusicas o con menopausia quirúrgica las concentraciones se reducen al 50 por ciento.

La testosterona, hormona masculina, funciona en las mujeres.

La deficiencia de testosterona puede producir atrofia genital

La deficiencia de testosterona puede producir atrofia genital incluso en mujeres que han estado usando estrógenos.

Rak ha descubierto que las mujeres con deficiencia de testosterona requieren una aplicación diaria, en su mucosa genital, de pequeñas cantidades de tópicos preparados de testosterona.

Las sensaciones y la libido vuelven cuando el tejido se vuelve saludable y los receptores de testosterona fueron bien suplidos.

Una vez mejorada la libido y restablecida la capacidad de estimulación genital, cambiar a un suplemento oral mantiene su efecto sobre los genitales.

> **Es frecuente que se omita el diagnóstico de deficiencia de testosterona y que se prescriba, a muchas mujeres sobre pérdida de libido, antidepresivos o terapia. Cuando lo que necesitan es testosterona suplementaria**

La obesidad puede ser un signo de falta de testosterona

Los hombres obesos suelen tener una cuarta parte menos de testosterona que los que están en su peso. Está comprobado, si su índice de masa corporal esta cuatro puntos por encima del peso ideal consulta con un especialista competente para certificar si es uno de ellos.

15.- Haga entrenamiento de fuerza y resistencia para aumentar los niveles de testosterona

Tendrá un impacto mayor en el deseo sexual y el rendimiento sexual que casi cualquier otro tipo de tratamiento.

Un método eficaz para aumentar la testosterona y por lo tanto a largo plazo la libido, tanto en hombres como mujeres es comenzar un entrenamiento de fuerza y resistencia

A la vez que de una forma anaeróbica ejercitamos los músculos, mediante el levantamiento de pesas o hacer ejercicios de entrenamiento de resistencia, como flexiones, se crea un aumento en la producción de testosterona que dura muchas horas.

Intensidad más recomendable del ejercicio de fuerza

Cada persona tiene una condición física diferente, dependiendo de diversas variables como la edad, sus condiciones físicas (independiente de la edad), tensión alta, etc., así que la intensidad que es recomendable para una persona puede resultar contraproducente para otra.

Cada persona es diferente y por tanto su entrenamiento debe ser individual

No sirve el de otras personas, por lo que recomiendo consultar con facultativos para que hagan un reconocimiento médico y más aún si tiene alguna enfermedad o lesión, antes de practicar este tipo de ejercicios y si va a un gimnasio ser supervisado también por un entrenador físico cualificado para que no sobreexija y perjudique su cuerpo.

Un ejemplo:

El Colegio Americano de Medicina del Deporte recomienda que las personas con tensión arterial iguales o superiores a 180/ 110 mmHg podrán practicar una actividad física sólo después de haber comenzado el tratamiento con medicamentos antihipertensivos.

Si es una persona hipertensa que además tiene problemas de corazón (angina de pecho, infarto de miocardio, etc.)

Supervise su ejercicio por un médico

Son pacientes con riesgo moderado/elevado (isquemia miocárdica, angina de pecho o aquellos con una función pobre del ventrículo izquierdo), como indico deberán hacer ejercicios físicos bajo la supervisión de un médico, en estos casos la atención individualizada es muy importante.

Los niveles de testosterona elevan significativamente sólo cuando el ejercicio anaeróbico se realiza con cargas pesadas.

Realice ejercicios compuestos (ejercicios que requieren varios grupos de músculos a la vez).

Estos permiten levantar pesos pesados como implican más grupos musculares en comparación con ejercicios aislados.

Los pesos deban ser tan fuertes como sea posible para maximizar la producción de testosterona, por lo tanto, son preferibles los ejercicios compuestos. Estos ejercicios compuestos se hacen de 1 o 2 veces por semana y quizás hacerlos con una frecuencia menor a la indicada, porque los ejercicios compuestos son más intensos que los ejercicios de aislamiento.

A título de ejemplo para personas con unas condiciones físicas y de salud normales en los gimnasios suelen indicarles algunos de este tipo de ejercicios.

Sentadillas.

Dominadas en barra fija (al pecho, y al pecho con agarre estrecho), en caso que no pueda hacer, hágalo en polea trasnuca, al pecho, al pecho con agarre estrecho hasta que vaya agarrando fuerza.

Peso muerto con barra.

Los press de banca (plano e inclinado).

Zancadas.

Prensa de pierna.

Remo con barra. Los press militar con barra (trasnuca y frontal).

Los fondos en paralelas (en caso que no puedas realizarlas, puedes hacer fondos entre dos bancos, hasta que vayas teniendo más fuerza).

Tanto los hombres como las mujeres obtienen un mayor interés en el disfrute de las relaciones sexuales, cuando se practica regularmente ejercicio

A menudo, un aumento en la testosterona y la libido se puede notar inmediatamente durante o después de un entrenamiento.

Para muchas parejas, hacer ejercicios juntos puede ser una experiencia estimulante que les aumenta el estado de ánimo.

Cuando se combina con una dieta saludable y nutritiva como indico en la Clave 7 es que incluyan muchas proteínas magras, una variedad de frutas y verduras, grasas no saturadas.

Entrenamiento de fuerza y resistencia pueden ayudar a los hombres y a las mujeres a perder el exceso de grasa (que tiende a disminuir la producción de testosterona, cuando su cuerpo por exceso de peso llega a los niveles de obesidad).

Fuerza y entrenamiento de resistencia son idóneos para una buena vida sexual sin tener en cuenta el aumento de testosterona, en el aumento de la libido tanto en hombres y mujeres

Hace aumentar el rendimiento, la amplitud de movimiento y resistencia.

Impulsa el estado de ánimo, la confianza y los niveles de energía

Ayude a buscar (y sentirse) más joven y más atractivo/a. Crea un impulso natural en la libido que es innegable.

16.- Existen fluctuaciones en su propia libido y las de su pareja, que a veces pueden ser debidas a los cambios relacionados con la edad y etapa de desarrollo

Si usted es un hombre, es probable que nunca esté tan interesado en el sexo como si estuviera en la edad de 18 años.

Si usted es una mujer, su nivel actual de interés y el disfrute de las relaciones sexuales puede aumentar a medida que se acerque a los 30, luego disminuir a medida que se acerque a los 60 años.

Las mujeres entre las edades de 18 y 25 años, en particular, a menudo tienen menos interés en el sexo que las mujeres en sus treinta y cuarenta años

Esto se debe a que el pico sexual de las mujeres es de 30 años de edad, mientras que es a la edad de 18 años para los hombres.

Es importante tanto para hombres y mujeres, respecto a entrar en una relación de compromiso a largo plazo, para saber que la unidad sexual de una mujer podría aumentar durante este período de tiempo, especialmente si se casa joven.

Del mismo modo, la unidad sexual de un hombre en particular puede disminuir durante el mismo período de tiempo.

Una pareja heterosexual que se casa a los veinte años podría comenzar con impulsos sexuales diferentes, o incluso divergentes, pero descubren que convergen en el tiempo cuando la unidad sexual de la mujer supera la del hombre.

Tanto los hombres como las mujeres experimentan una disminución de la libido cuando se acercan a los sesenta años, pero tiende a ser más evidente entre las mujeres.

17.- Fluctuaciones en el deseo sexual debido a los cambios hormonales

Nuestro cuerpo tiene sus propias leyes porque somos un compendio de reacciones químicas y en gran parte con las hormonas, que influyen en nuestra manera de pensar y sentir.

Unas veces las hormonas están en equilibrio, entonces la actividad sexual es favorable.

Cuando se pierde ese equilibrio químico, cuando estas hormonas se desbarajustan unas veces baja su ánimo y el deseo sexual otras veces se vuelve eufórico y el interés sexual aumenta.

Son activadas en un sistema neuronal en el cerebro (sistema límbico con núcleos en el hipotálamo y en la región preóptica) provocando o desactivando el deseo sexual.

La disminución de la testosterona provoca disminución del deseo en el varón y en la mujer.

Los andrógenos influyen en el deseo de las mujeres.

Los estrógenos actúan muy indirectamente en el deseo de las mujeres.

La elevación de **la prolactina** disminuye el deseo sexual de hombres y mujeres.

No hay datos concluyentes del efecto inhibidor sospechado de la progesterona y derivados.

Estas fluctuaciones de libido se consideran perfectamente normales y sobre todo en la mujer son mucho más evidentes en ciertas etapas de la vida como:

Menstruación y embarazo

Las mujeres suelen experimentar un aumento en su deseo sexual, mientras están ovulando, durante la menstruación, y sorprendentemente, durante el embarazo.

El importante aumento de estrógenos y progesterona que se produce durante el embarazo hace que zonas erógenas como los genitales externos y los pechos estén mucho más irrigadas e inervadas y que su tamaño aumente, lo que conduce a un incremento importante de la sensibilidad.

Por lo general, se produce un aumento de la libido (deseo sexual) y una mayor facilidad para alcanzar el orgasmo.

Sin embargo no solo de hormonas vive la libido, y los especialistas coinciden en que el cerebro es muy importante como creador o destructor de deseo sexual.

Esto puede explicar que:

Algunas mujeres sufren un descenso de libido durante el embarazo aunque físicamente todo esté preparado para lo contrario.

Las mujeres pueden experimentar una disminución de la libido en los primeros seis meses después de dar a luz.

Hay una alteración sexual por dolor en el acto sexual en esos meses debido a diferentes causas entre ellas a la episiotomía (incisión quirúrgica en el perineo femenino, concretamente en la parte que se encuentra entre la vagina y el ano, que se realiza en el momento del parto para agrandar la abertura vaginal y permitir la salida de la cabeza del bebé.) su utilización es bastante frecuente pero controvertida.

Quienes propugnan por ella indican que la lesión que puede producirse por un desgarro es peor que el corte limpio de la episiotomía.

En un estudio, 20 mujeres de 100 presentaban dolor o incomodidad durante el acto sexual después de 1 año del parto, también la disminución de la lubricación vaginal por disminución de la hormona estrógeno y por la alimentación al pecho materno, también puede causar dolor.

Mujeres en lactancia e hiperprolactinemia presentan disfunción sexual

Los cuadros mejoran con la aplicación **bromocriptina** (La bromocriptina la contienen a un grupo de medicamentos conocidos como alcaloides del cornezuelo de centeno, derivados de un tipo de hongos).

La lactancia materna suprime la ovulación mediante la producción de prolactina y puede ser utilizada como un método anticonceptivo conocido como el "Método de Lactancia y Amenorrea" (MELA), disminuyendo su libido a cotas insospechadas.

Está en una situación similar a la menopausia apareciendo signos comunes como sofocos y sequedad vaginal.

Casi el 20% de las mujeres experimentan depresión postparto, que también puede suprimir temporalmente su deseo sexual y nivel de energía, después de unos meses la libido empieza a recuperarse.

En la menopausia, todo debido a los cambios hormonales.

El cuerpo deja de producir hormonas, la producción de estrógenos disminuye en un 80% y la de testosterona en un 50%, (a partir de los 40 años) como consecuencia de esto se producen alteraciones en su conducta sexual.

De un tercio a dos tercios de las posmenopáusicas experimentan desinterés sexual. Tienen menor número de fantasías sexuales.

Tienen mayor sequedad vaginal en el coito. Tienen menor satisfacción sexual en el coito.

Por lo que para que aumente su libido su médico le debe aconsejar.

Aplicar una terapia de reemplazo hormonal

La terapia con hormonas femeninas (estrógeno y progesterona) es de ayuda en la menopausia y mejora si se le incorpora testosterona.

La disminución de la libido está asociada a cambios relacionados a la disminución de los estrógenos (como sequedad vaginal con dolor durante el coito –dispareunia-, cambios de humor, etc.) y la falta de testosterona.

Otros posibles síntomas por déficit androgénico que indirectamente afectan a su comportamiento sexual son entre otros:

Disminución de energía y falta de motivación.
Estado de ánimo plano, irritabilidad.
Insomnio.
Disminución del deseo.

Cuando se reponen la falta de andrógenos en la menopausia se obtienen unos efectos positivos en diferentes áreas.

Efecto anabolizante sobre el hueso (han sido utilizados para el tratamiento de la osteoporosis postmenopáusica en la mujer con buenos resultados).

Mejoría de la libido.
Mejoría de la sociabilidad.

Mejores resultados al añadir testosterona, a los estrógenos como terapia hormonal sustitutoria.

Los parches de testosterona aumentarán su libido

Su médico le indicará qué marca es la más apropiada para usted.

Si deja de utilizar este tipo de parche de testosterona, los síntomas anteriores de falta de libido pueden volver a aparecer.

Los Investigadores de la Escuela Médica Robert Wood Johnson (Nueva Jersey) han probado los efectos de este parche de testosterona, de nombre Intrinsa, en 549 mujeres con menopausia natural que se quejaban de haber sufrido una disminución de la libido.

Los parches de testosterona se comercializan también en España.

Durante seis meses mujeres, con una edad media de 54 años, llevaron el apósito hormonal o un placebo.

En ese tiempo, todas recopilaron datos sobre sus relaciones sexuales y rellenaron cuestionarios sobre sus sentimientos.

Las mujeres a las que se le asignó el parche de testosterona, patrocinado fabricado por Procter & Gamble, mejoraron claramente con las otras participantes que les proporcionaron un placebo, según indica el trabajo.

En dos meses

Sus actividades sexuales se multiplicaron por cuatro

Mientras que las mujeres que recibieron placebo sólo tuvieron una relación más de las que solían mantener hasta ese momento.

A parte del incremento de la actividad, las mujeres que probaron el parche de testosterona dijeron haber sentido más episodios de excitación y de placer, fueron capaces de llegar al orgasmo en unas mayores ocasiones, experimentaron más excitación y demostraron tener una mejor imagen de sí mismas.

El exceso de vello facial o la irritación de la zona en la que se pegó el parche son los efectos secundarios principales de la terapia.

Tres de las cuatro mujeres de cada grupo padecieron alguna de estas consecuencias.

Robin Kroll, la ginecóloga que ha presentado los resultados del estudio, ha señalado, en declaraciones recogidas por AP, que "ninguna de estas pacientes quiso dejar de tomar testosterona".

Como observará, su caso si sólo es hormonal, tiene diferentes tratamientos que son aplicables y efectivos en la mayor parte de mujeres en esa tesitura aunque se encontrarás que todos los médicos no son partidarios.

En el Anexo 2 del libro incorporo Test de la disfunción sexual femenina

Andropausia Masculina

En los hombres aparece lo que se denomina Andropausia.

En un estudio y tratamiento del doctor José Luis Doval Conde y la doctora Susana Blanco en hombres entre 40 a 70 años, obtuvieron los siguientes resultados:

Disminución de la testosterona total 1,6 % por año y de la testosterona libre en un 2% por año. La SBHG (globulina fijadora de hormonas sexuales) aumenta el 1,6% por año. El 20% de los hombres tiene Hipogonadismo.

En un estudio de 302 hombres de media de 60 años:

46% tenían menos deseos y trastornos de erección, 41% presentaron fatiga, 36% trastorno de memoria. A los 70 años los niveles de testosterona es de dos tercios de los niveles de testosterona a los 25 años y los niveles de testosterona libre es el 40% de jóvenes adultos.

Otras manifestaciones que se presentan:

Menos masa muscular.

Tendencia a la osteoporosis.

Aumento de grasa abdominal.

Descenso cognitivo.

Insomnio.

Aumentar los niveles de testosterona puede ser imprescindible para un nivel habitual de la función y de la actividad sexual.

Los hombres deficientes en andrógenos manifiestan deseo sexual disminuido y disfunción eréctil, en estos casos la terapia de reemplazo con testosterona está indicada, pero no siempre restablece la libido y la función sexual, tal como ocurre en los hipogonadismos.

El psiquiatra John Bancroft, ex director del Kinsey Institute for Research in Sex, publicó un interesante artículo titulado "El deseo sexual", en el que demostró que:

Los niveles de testosterona son exponenciales al deseo sexual

A más testosterona más libido.

En el Anexo 3 incorporo: Test decaimiento sexual masculino

Donde puede hacer una evaluación de su libido. Esto sucede hasta un cierto nivel, a partir del cual no hay mayor deseo.

El "techo hormonal" no es igual en el hombre y en la mujer, en el hombre es más alto que en la mujer

Exceso de Prolactina en los hombres

El aumento de la prolactina disminuye la libido pudiendo crear impotencia y alterar otras funciones como la de la próstata, vesículas seminales y testículos.

Creando una serie de trastornos como:

Inhibidor. Pérdida del deseo. Disfunción eréctil. Ginecomastia. Volumen seminal reducido. Incompetencia eyaculadora.

Igual que en la mujer mejoran los síntomas con bromocriptina.

Medicinas Naturales Alternativas, Luces y Sombras

En el mercado comercial existen diferentes medicinas alternativas de tipo natural que pretenden con su aplicación aumentar el funcionamiento sexual y que se presupone en determinados sectores naturistas y herbolarios que tienen efectos sexuales positivos.

Aquí estimado lector le indico algunas más fiables para el aumento de la libido y de más aceptación.

También otras que fueron legales y posteriormente prohibidas por la FDA por las contraindicaciones que se originaban, y siguen siendo estudiadas para sus posibles usos relacionados con la libido de la mujer.

Maca (Lepidiumme yenii)

Planta herbácea, tiene fama de que sus raíces poseen propiedades que aumentan la fertilidad y mejoran la libido.

Nativa de los Andes del Perú y Bolivia, donde se cultiva tanto por sus cualidades nutritivas como por sus resultados en la disfunción sexual y que tiene gran predicamento desde hace cientos de años.

Comparada como el Ying Seng peruano.

Países de cultivo: Perú, Bolivia.

Los beneficios para la salud de la Maca han sido conocidos desde tiempos inmemoriales, incluso antes de la llegada de los españoles al Perú.

Los indígenas usaban la Maca no sólo como afrodisíaco, sino también como una potente hierba para curar muchas enfermedades.

Conocida en los medios científicos a lo largo de más 40 años de investigaciones científicas y clínicas a cargo y/o bajo la supervisión directa de su descubridora la Dra. Gloria Chacón de Popovici, que indica es un afrodisíaco para hombres y mujeres, por su efecto en los niveles de testosterona.

Doctores en medicina, incluyendo el Dr. Burton Goldberg, han afirmado públicamente que la Maca incrementó positivamente el funcionamiento sexual, en tratamientos aplicados con ella.

A medida que los estudios científicos se realizan y los resultados salen a la luz, en los círculos médicos se hace más y más popular referirse a la Maca, como el sustituto natural de la ya famosa pastillita Viagra.

Actúa directamente en el flujo sanguíneo, lo que se traduce directamente en una acción vigorizante de la zona pélvica de hombres y mujeres aumentando la potencia sexual.

Estudios recientes sobre la Maca en la mujer corroboran su efecto en la disfunción sexual (DS) de la mujer y su indicación en el tratamiento del trastorno del deseo sexual o deseo sexual hipoactivo (DSH).

La Maca resulta efectiva en la disfunción sexual ocasionada por fármacos antidepresivos, inhibidores selectivos de la recaptación de serotonina (ISRS), produciendo un incremento de la libido y una mejoría del comportamiento sexual.

Ginkgo Biloba

Utilizado desde hace siglos en la medicina tradicional china, japonesa e Hindú.

Semillas hojas y phytopharmaceutics derivados de la planta.

País de cultivo: China

Los productos preparados a partir de Ginkgo biloba son vendidos como fitofármacos especialmente en Europa y los principales suplementos dietéticos botánicos en los Estados Unidos.

Según la leyenda, es capaz de hacer milagros contra la demencia, mejorar la memoria, prevenir los ataques al corazón, curar esclerosis múltiple y la disfunción sexual.

La revisión de toda la literatura científica publicada sobre la relación entre la planta japonesa nos indica todo lo contrario, es decir, que no sirve para devolver la salud de los enfermos.

El único estudio que avala la mejora de facultades gracias al ginkgo están avalados por una firma que los comercializa en Alemania, explica Leistner (Institut de Biologie der Pharmazeutische Rheinischen Friedrich Wilhelms Universität Bonn, Nussallee 6, D 53115 Bonn, Alemania) "Nadie ha podido reproducir sus resultados".

Según un estudio de 2007 realizado por la Comisión Europea, el 13% de los alemanes que consumen medicina natural usa el ginkgo, solo por detrás de los franceses con el 29%.

Entre Francia y Alemania suman más de 130 de los 171,5 millones de euros que movieron los preparados de ginkgo en la Unión Europea en 2005.

Ginseng

Es otro antiguo remedio herbario chino del cual, desde hace cientos de años, se ha dicho que tiene efectos positivos en la sexualidad, una planta cuya raíz se utiliza comúnmente en la medicina tradicional china.

El profesor Massimo Marcone, de la Universidad de Guelph (Canadá), considera como verdaderos afrodisíacos el azafrán, el ginseng y la yohimbina.

Raíz de ginseng

Afirma en Food Research International, la revista del Instituto Canadiense de Ciencia y Tecnología de Alimentos, que se ha comprobado que ambas sustancias son "verdaderos estimulantes del rendimiento".

Los expertos encontraron que las únicas sustancias que se ha comprobado que pueden mejorar la función sexual humana son el Panax ginseng una planta cuya raíz se utiliza comúnmente en la medicina tradicional china.

Demostró tener "efectos sostenidos" en la estimulación del impulso y el rendimiento sexual.

Ma Huang (Ephedra distachya)

Hierba ampliamente utilizada en la medicina tradicional china y aparece en medicamentos naturistas

Estimula el sistema nervioso simpático periférico, contiene efedrina alcaloide.

La efedrina es un polvo cristalino blanco parecido a la cocaína pero de composición similar a las anfetaminas.

Como proviene de una hierba, tiene fama de producto naturista. Además, se ha promovido como la sustancia natural perfecta para bajar de peso porque acelera el metabolismo, aumenta la energía física y quita el hambre.

Muchos atletas y fisicoculturistas toman efedrina.

Una cápsula de 50 miligramos media hora antes de una competencia brinda al deportista un aumento de energía. Está prohibida en el deporte.

Hay más de cuarenta millones de consumidores de efedrina que desean adelgazar, tonificar sus músculos o evitar el cansancio.

La efedrina suele combinarse con cafeína y aspirinas para multiplicar sus efectos.

La dosis mínima activa en adultos ronda los 15 mg (oral).

La efedra está actualmente prohibida en todo Estados Unidos.

Es ilegal, también en otros países, se comercializa todavía como anorexígeno.

Estudios preliminares pequeños indican que el belcho (efedra) puede incrementar la excitación sexual en las mujeres.

Se requiere mayor investigación para confirmar esos hallazgos.

Azafrán

De todo el azafrán que se consume en el mundo, España comercializa el 50%, ya que la mitad de la producción mundial de azafrán es envasada y distribuida desde España, que lo importa principalmente de Irán, que es el principal país productor, produciendo el 90% de la cantidad total de azafrán en el mundo

País de cultivo: Irán, España

Resultados de un estudio científico anteriormente mencionado, Universidad de Guelph Canadá; muestra que este elemento natural tiene efecto sobre el aumento de la libido, como el azafrán derivado de la Crocus sativus que ha demostrado además que posee "efectos sostenidos" en el aumento del impulso y el rendimiento sexual.

Yohimbina.

Árbol oriundo de África occidental (Camerún, Guinea Ecuatorial, Congo, etc.), ahora cultivado en otros países africanos para dar satisfacción a la amplia demanda mundial de corteza de yohimbe y productos derivados, sobre todo extracto herbal de yohimbe y clorhidrato de yohimbina pura.

Árbol de yohimbe

Conforman tres variedades Corynanthe yohimbe y Pausynistalia yohimbe sinónimos y contienen de 2 a 15% de alcaloides indólicos combinados, la mayor parte yohimbina (de 1,67 a 3,40%), en corteza de troncos de 15 a 20 años de edad.

La variedad o especie Corynanthe pachyceros parecida a las anteriores. Los análisis le han dado en torno a un 5,80% de alcaloides.

Los alcaloides indolalquilamínicos, estructura química parecida a la reserpina. Posee acción vasodilatadora periférica, actúa sobre el sistema nervioso autónomo periférico aumentando la actividad parasimpática (colinérgica) y disminuyendo la actividad simpática (adrenérgica). Aumenta la excitación sexual tanto en hombres como en mujeres.

En América del Norte se vende como un medicamento sólo con prescripción médica.

Su uso es seguro bajo supervisión del profesional y cuando se usa siempre a corto plazo. Sin una orientación adecuada puede causar efectos muy negativos.

Puede tener interacciones y contraindicaciones.

No utilizar si se es hipertenso, si se está en tratamiento por problemas de presión arterial alta, corazón, riñón, tiroides o enfermedad psiquiátrica, ansiedad, depresión, convulsiones o accidentes cerebrovasculares, etc.

Durante el embarazo y la lactancia es de suma importancia consultar al médico antes de consumir este producto. No obstante, le indico querido lector, que la venta en España de la yohimbina no es legal.

Con la entrada de la Viagra en el mercado comercial en 1998, la yohimbina pasó a ser historia dentro de la farmacoterapia sexual de la disfunción eréctil, al ser su efectividad muy escasa comparada con los nuevos fármacos de laboratorio.

Existe una gran cantidad de oferta de medicinas naturales alternativas.

Su fiabilidad es muy discutible si hay alguna acción es debido al efecto placebo

Un placebo es una sustancia farmacológicamente inerte como por ejemplo agua destilada, un polvo inerte, que se utiliza como control en un ensayo clínico.

El placebo es capaz de provocar un efecto positivo a ciertas personas que se le aplica, si no saben que están recibiendo un medicamento falso y que creen que es verdadero

Esto se denomina efecto placebo y es debido a causas psicológicas. Siempre amparadas en seudo investigaciones sin rigor científico, si observas su etiqueta, leerás siempre su registro como aditivo alimenticio, porque si tuviera otras propiedades y no solo la alimentaria, debiera tener otro tipo registro diferente al de alimentación

De todas formas si le convence, quiere probar y cumple con la normativa legal del Ministerio de Salud de su país (observe y compruebe que tenga su número de registro de autorización como aditivo alimentario o suplemento alimentario emitido por el organismo pertinente del país que corresponda Salud Pública) no pierde nada, si acaso pierde, es dinero.

18.- Si usted es una mujer cuya libido se ve notablemente disminuida por más de unos pocos meses

Si este cambio le sucede puede ser debido a causas hormonales, por ejemplo debido a un método anticonceptivo, después de dar a luz, a partir de la menopausia, etc.

En estos casos le recomiendo buscar el asesoramiento de un médico especializado en esta materia.

Él le asesorará y propondrá, si es posible, aplicarle alguna combinación de las terapias hormonales existentes en la actualidad para normalizar su libido, como ya he mencionado anteriormente.

19.- Si toma medicamentos pueden ser los causantes de la supresión de su libido

Si toma medicamentos, hable con su médico acerca de que si son los causantes de la supresión de su libido, porque eso a veces ocurre.

Hay una variedad de tipos diferentes de medicamentos que suprimen la libido y/o el desempeño sexual

Los beneficios de tomar estos medicamentos, tales como antidepresivos si está deprimido, pueden a su vez producir la pérdida de interés y placer en el sexo.

La decisión de interrumpir o dejar de depender de un medicamento debe tomarse con cuidado, caso por caso, en consulta con un médico.

Otros elementos a consultar con su especialista:

Factores físicos.

Problemas endocrinos como el hipotiroidismo

Se expresa casi siempre por aumento de peso, por cansancio, sueño o falta de energía, etc.", en los niveles de testosterona disponible en el torrente sanguíneo de las mujeres y los hombres.

Así como el efecto de ciertos medicamentos recetados (por ejemplo, minoxidil, Proscar, finasteride).

Diversos factores físicos y biológicos de la pareja.

La toma de anticonceptivos hormonales en mujeres jóvenes produce falta de libido (la causa hormonal ha sido analizada por una investigación de la Facultad de Medicina de la Universidad de Boston, los doctores Claudia Panzer e Irwin Golstein) y a veces alteraciones en su estado de ánimo.

Los anticonceptivos necesitan consumir muchas cantidades de vitamina B6, y esto afecta de forma directa a la serotonina.

Dejan poca vitamina B6 para producir serotonina.

Esto explicaría no sólo la disminución de la libido, sino también síntomas como falta de energía, desgana y estado de ánimo bajo.

La solución puede ser sencilla:

Ingerir vitamina B6.

Su médico puede recomendarle otro medicamento para tratar la misma condición que no tienda a afectar negativamente en la libido o el desempeño sexual.

Grupos farmacológicos que pueden alterar la libido.

Su efecto desaparece al retirar el medicamento, le indico algunos de ellos:

1. ANTIHIPERTENSIVOS:

Diuréticos: disminuyen la libido, menos lubricación vaginal e impotencia. Betabloqueadores: Reducen el apetito sexual y provocan disfunción eréctil.

Hipotensores a nivel central: CLONIDINA y METILDOPA son simpaticolíticos y producen impotencia, disminución de la libido, ginecomastia, alteraciones en la eyaculación y anorgasmia.

2. PSICOTROPICOS:

Tiene efectos a nivel del sistema nervioso central, sedación y disminución de la actividad sexual. También provoca efectos hormonales como la disminución de la prolactina por bloqueo dopaminérgico.

Los antidepresivos, como la CLOMIPRAMINA, disminuyen la libido y producen alteraciones en la eyaculación, también anorgasmia.

Los antipsicóticos alteran la libido y genera una sedación a nivel del sistema nervioso central.

El CLORDIAZEPOXIDO, CLONAZEPAM y DIAZEPAM, implican una disminución de la libido, disfunción eréctil y anorgasmia, posiblemente por una relajación muscular excesiva.

3. HORMONAS:

Como los corticosteroides, esteroides, anabolizantes, producen atrofia testicular y azoospermia. Los estrógenos conducen a una menor producción de testosterona y como consecuencia disminuye la libido y produce impotencia.

4. ANTINEOPLASICOS:

CLORAMBUCIL, CICLO-FOSFAMIDA, BUSULFAN, acarrean efectos de inhibición de la libido y disfunción eréctil.

5. ANTIULCEROSOS:

Como la CIMETIDINA produce menor testosterona.
No se han obtenido efectos similares con RANITIDINA y NIZARTIDINA.

6. ANTIARRITMICOS:

Se han obtenido efectos de impotencia con la AMIODARONA, DIISOPIRAMIDA e INDECAINIDA.

7. HIPOLIPEMIANTES:
Disminución reversible de la libido se ha obtenido con BEZAFIBRATO, CIPOFI-BRATO, GEMFIBROZILO, PREVASTATINA, SIMVASTATINA.

8. ANTIPARKINSONIANOS:
CABERGOLINA y LEVODOPA producen una disminución de la producción de prolactina y, por lo tanto, una híper sexualidad.

9. ANTIHISTAMINICOS:
La HIDROXICINA, por su efecto anticolinérgico, puede producir impotencia.

10. ANTIVIRALES:
Como el GANCICLOVIR que disminuye la libido. Lo mismo que el RITONAVIR, que además genera impotencia.

20.- Productos para una sexualidad satisfactoria

En la actualidad hay grandes equipos de investigadores y laboratorios que están desarrollando toda una serie de productos para hacernos una vida sexual satisfactoria.

Es evidente que la utilización de un medio terapéutico tan importante como son los fármacos implica la necesidad de conocerlos lo mejor posible. En consecuencia los datos que se generan ininterrumpidamente son muchísimos e imposibles de abarcar para una persona que no se dedique específicamente a ello.

Continuamente están apareciendo conocimientos de última hora, no sólo sobre nuevos fármacos sino también sobre los ya conocidos en los que se encuentran novedosas facetas aplicables directamente a la práctica clínica.

En este capítulo de una forma breve enumero algunos de ellos en su posible o actual aplicación a la mejora de la sexualidad y otros fármacos aplicados en estudios de investigación que son aplicados para otros usos clínicos y que pueden ser reforzadores del funcionamiento sexual en mujeres. Aunque ninguno de ellos ha sido estudiado sistemáticamente en poblaciones clínicas femeninas de una forma exhaustiva y no son de aplicación para este uso, al no estar aprobados gran parte de ellos por la F.D.A. (US Food and Drug Administration).

FLIBANSERINA:

Marca comercial Addyi o la mal llamada "viagra rosa" primer fármaco aprobado para la mujer por la Administración de Medicamentos y Alimentos de Estados Unidos, está específicamente diseñada para tratar el trastorno de deseo sexual hipoactivo (TDSH), una bajada de deseo sexual antes de la menopausia.

ESTUDIO DEL SPRAY DE TESTOSTERONA

((8R,9S,10R,13S,14S,17S) – 17 – hydroxy - 10,13 – dimethyl - 1,2,6,7,8,9,11,12,14,15,16,17- dodecahydrocyclopenta [a]phenanthren-3-one):

Según confirmó en su día a EFE, Susan Davis, la directora del programa, el spray testosterona ha demostrado su éxito en 261 mujeres que tenían una libido baja y niveles deficientes de testosterona.

Añadió que...

El único efecto secundario registrado en las pacientes fue un débil incremento del vello

El estudio se llevó a cabo durante 16 semanas y la pacientes indicaron que al menos dos de las relaciones sexuales que mantuvieron durante el mes en el que tomaron el medicamento fueron más satisfactorias que cuando no recurrieron a la hormona.

Davis indicó que un 30 por ciento de las mujeres de entre 20 y 40 años sufren de bajos niveles de testosterona, uno de los principales factores que provocan la apatía sexual.

Este estudio de la Universidad de Monash forma parte del examen requerido por la Dirección de Alimentos y Medicamentos de Estados Unidos, y cuya aprobación es necesaria para comercializar cualquier producto en ese país.

BREMELANOTIDA (zacyclotricosane-23-carboxílico):

Equivalente de la melanotropina (MSH) alfa: PT-141: bremelanotida. Se administra mediante pulverizador intranasal. Está en fase de desarrollo para la disfunción sexual femenina.

TIBOLONA ($C_{21}H_{28}O_2$):

Nombre comercial en España Boltín.

Es una combinación Estrógeno-Progestágena para el tratamiento de los síntomas de deficiencia de estrógenos en mujeres posmenopáusicas (más de 1 año), como sofocos, sudoración y alteraciones de la libido o del estado de ánimo.

Disminuye los sofocos, aumenta la densidad mineral ósea y mejora la sequedad vaginal.

Puede mejorar el deseo aunque no la función sexual, por su acción levemente androgénica, mejora el deseo sexual.

Está disponible en varios países, pero no en Estados Unidos.

RALOXIFENE ([6-hydroxy-2-(4-hydroxyphenyl)- benzothiophen-3-yl]- [4-[2-(1-piperidyl) ethoxy] phenyl] –methanone):

Indicado para el tratamiento y prevención de la osteoporosis en mujeres posmenopáusicas, para la reducción del riesgo de cáncer de mama invasivo en mujeres posmenopáusicas con osteoporosis.

Los ginecólogos detectaron un aumento de la libido tanto en mujeres premenopáusicas como posmenopáusicas.

Se puede relacionar un aumento de los niveles de testosterona, como respuesta al medicamento.

Fármacos no hormonales usados en sexualidad masculina que pueden mejorar la respuesta sexual femenina

TADALAFIL (Número CAS171596-29-5):

Bajo el nombre de **Cialis** se usa en el tratamiento de la disfunción eréctil (impotencia) y síntomas de hiperplasia prostática benigna (próstata agrandada).

CITRATO DE SILDENAFILO (Compuesto UK-92,480):

Conocido comercialmente como **Viagra**.

Utilizado para tratar la disfunción eréctil masculina y la hipertensión arterial pulmonar.

Presuponen que también incrementa la respuesta vaginal de congestión/lubricación por vasodilatación genital localizada en la mujer.

MESILATO DE FENTOLAMINA (c18h23n3o4s):

Aplicado en trastornos de erección masculina.

Su acción viene determinada por relajación del músculo liso y estimulando la afluencia de sangre a la región pélvica tanto en hombres como en mujeres.

Menos efectivo que el Viagra, aunque actúa más rápidamente. No ha sido estudiado en mujeres.

ALPROSTADIL (Prostaglandina E1) (9 - oxo-11α, 15S-dihidroxi-prost-13E-en-1 – oico):

Se distribuye bajo varios nombres comerciales: **Muse, Caverject, Prolisina**.

Aplicado para estimular la llegada de sangre al pene.

Podría ser apropiada, en forma de supositorio vaginal o gel local para estimular el fluido de sangre a los genitales femeninos.

Bartlik (ex investigador en productos farmacéuticos para la disfunción sexual femenina), ha usado en mujeres con trastornos de excitación, el supositorio uretral de alprostadil (500 mg).

Todas las mujeres notaron una mayor congestión vaginal, cálida sensación de "hormigueo" y aumento de las sensaciones de placer durante la relación sexual.

Otros vasodilatadores tópicos como aminofilina, mesilato de co-dergocrine y dinitrato isosórbido, que fueron aplicados tópicamente para tratar trastornos eréctiles, han sido inconstantes e inconclusos. Pueden resultar aún mejor en mujeres que en hombres debido a la relativa delgadez de la mucosa vaginal.

VARDENAFILO (es un inhibidor PDE5):

Usado para el tratamiento de la impotencia (disfunción eréctil) que es vendido bajo el nombre de comercial de **Levitra** (Bayer AG, GSK, and SP).

Psicoestimulantes

Con estos tipos de fármacos debe extremarse el cuidado porque pueden causar arritmia, adicción y otros efectos colaterales.

Diversos estudios sobre los psicoestimulantes metilfenidato y dextro anfetamina demostraron ser eficientes, en el orgasmo inhibido, a la ingesta de IRSS (los inhibidores de la recaptación deserotonina (IRSS) constituyeron la tercera ola de fármacos antidepresivos tras los IMAO (inhibidores de la MAO) y los tricíclicos).

Otros antidepresivos:

Helen Singer Kaplan, psicólogo, psiquiatra, médico incluyó en La Nueva Terapia Sexual a las anfetaminas, que utilizadas a bajas dosis, incrementan la libido y el funcionamiento sexual.

No existen estudios controlados en el uso de estimulantes para el tratamiento de trastornos sexuales.

EFEDRINA ((1R, 2S)-2-(metanoamina)-1-fenilpropano-1-ol):

Debiera ser investigado si la efedrina o los medicamentos similares pueden ayudar a las mujeres con trastornos sexuales.

Estos fármacos pueden tener un efecto en el aumento de excitación sexual y el orgasmo, al causar nerviosismo y vasoconstricción puede limitar su aplicación en el tratamiento sexual.

Cualquier beneficio puede ser minado por el abuso, tolerancia, e irritabilidad o conducta sexual compulsiva que destruyen las relaciones sexuales.

El alcohol y los tranquilizantes han sido frecuentemente usados por mujeres con beneficios sexuales a corto plazo pero peligrosos a largo plazo

Antidepresivos

BUPROPIÓN o clorbutilketoanfetamina (anfebutamona):
Es un fármaco antidepresivo con propiedades psicoestimulantes. Posee acciones desinhibitorias o estimulantes.

Es de elección en aquellos pacientes que padecen disfunciones sexuales inducidas por otros antidepresivos, puesto que se vincula con un incremento de la libido.

Químicamente es una fenetilamina, emparentada estructuralmente tanto con las aminoketonas como con las anfetaminas.

Es un derivado de la droga dietilpropión, un anorexígeno anfetamínico.
Fue aprobada por la F.D.A. para dejar de fumar.

Antes de ser aprobado como antidepresivo por la FDA, fue testeado en un ensayo de 32 semanas, doble ciego, controlado en 60 pacientes (30 hombres y 30 mujeres), con bajo deseo sexual y otras dificultades sexuales.

Se encontró una significativa mejoría sexual en más del 60% de los pacientes tratados con Bupropión, pero en menos del 10% de los tratados con placebo.

Los resultados del estudio fueron revisados y publicados. La mejoría de volver a tener deseo sexual y funcionamiento sexual normal sin hipersexualidad.

Efectos posibles debidos a la ingesta de bupropión son nerviosismo, insomnio, pequeños temblores y, raramente, convulsiones.

El bupropión (no se considera una anfetamina) su acción química es similar a las del metilfenidato pero con menos potencia no adrenérgica.

Sus efectos se sienten a los 10-14 días de comenzar su ingesta.

Otras Drogas Dopaminérgicas Nootrópicos

Conocidas como drogas inteligentes, estimulantes de la memoria y potenciadores cognitivos.

DEPRENYL ((R) -N-metil-N- (1-fenilpropan-2-il) prop-1-in-3-amina):
El único activador de la dopamina no-anfetamínico disponible, se prescribe para tratar el párkinson, la depresión y la demencia senil.

Ha demostrado tener acciones afrodisíacas en ratas machos, pero no se han probado sus efectos sexuales en animales hembras o humanos.

La impresión clínica es que puede tener un suave efecto beneficioso en el deseo sexual femenino, pero menor al del bupropión.

Su acción química se debe a un aumento del estimulante de la fenetilamina (FEA), considerada como el componente de "la química del amor".

Nuevas Generaciones De Drogas Serotoninérgicas

Tienen en común su capacidad de aumentar la liberación de serotonina en el cerebro y en otros órganos.

TRAZODONE (2-(3-[4-(3-clorofenil) piperazin-1-il] propil)-[1, 2, 4] triazolo [4,3-a] piridin-3(2H)-ona):

Fármaco antidepresivo de segunda generación del grupo de las fenilpiperacinas. Aplicación entre otras:

Insomnio, fibromialgia, trastornos del sueño y pesadillas.

Nanette Gartrell (psiquiatra, investigador) informó sobre aumento de la libido en 6 de 13 mujeres tratadas con trazodone para su depresión y presentó 3 descripciones de casos de aumento de la excitación sexual.

IRSS (constituyen la tercera ola de fármacos antidepresivos).

MIRTAZAPINA ((RS)-1, 2, 3, 4, 10,14b-Hexahidro-2- metilpirazino [2,1-a] pirido [2,3-c] [2] benzazepina):

Antidepresivo serotoninérgico, no presenta efectos colaterales sexuales secundarios.

Helen Singer Kaplan (fundador de la primera clínica en los Estados Unidos de trastornos sexuales) escribió un libro detallando el desarrollo de la aversión sexual, de la fobia y los trastornos de pánico sobre todo en las disfunciones sexuales femeninas. Sugiere usar IRSS para resolver estas dificultades, frecuentemente no reconocidas como factores cruciales entre los trastornos sexuales femeninos.

FLUOXETINA ((RS)-N-Metil-3-fenil-3-(4-trifluorome-tilfenoxi) propilamina):

Conocido comercialmente como Prozac "droga de la felicidad", todo aquello que aumenta la concentración de Serotonina, aumenta nuestra felicidad.

Indicado en trastornos depresivos mayores (en adultos y niños), trastorno bipolar, trastorno obsesivocompulsivo (TOC) (adultos y niños) bulimia nerviosa, trastornos de pánico cataplexia, obesidad, dependencia del alcohol como también del síndrome del atracón y el trastorno disfórico premenstrual.

Experiencia de su uso con excelentes resultados, en el tratamiento de los matrimonios no consumados por fobias sexuales y vaginismos.

PAROXETINA ((3S, 4R)-3-[(1,3-Benzodioxol-5-iloxi) metil]-4-(4-fluorofenil) piperidina):

Comercialmente conocida en España como Motivan.

Está indicado el uso de paroxetina en adultos con diversos tipos de depresión (incluyendo la depresión reactivay grave) y/o trastornos de la ansiedad (trastorno obsesivo-compulsivo o TOC, agorafobia, estrés postraumático o TEPT, entre otros).

En cuanto a la sexualidad, en fobias sexuales y vaginismo.

SERTRALINA (clorhidrato de (1S)-cis-4-(3,4-dicloro-fenil)-1, 2, 3,4-tetrahidro-N-metil-1-naftalenamina):

Conocida comercialmente como Besitrán.

Indicada en el tratamiento de la depresión, esté o no asociada con estados de ansiedad, tratamiento del trastorno por estrés postraumático TEPT, trastorno obsesivo compulsivo (TOC u OCD en inglés), ataques de pánico, trastorno esquizoide de la personalidad TEP y en la fobia social.

BUSPIRONA (8-[4-(4-pyrimidin-2-ylpiperazin-1-yl) butyl]-8- azaspiro [4.5] decane-7,9-dione):

Nombre comercial Ansial entre otros utilizada en trastorno de ansiedad generalizada (TAG) de intensidad leve a moderada, sin ataque de pánico (generalmente no se considera efectivo o no está aprobado para otros tipos de trastorno de ansiedad como trastorno obsesivo compulsivo (OCD) y fobia social, con o sin agorafobia).

Othmer y Col (Dr. Othmer director científico Instituto EEG. Susan Othmer Directora Clínica del Instituto EEG, Woodland Hills Los Angeles), trataron 6 mujeres con ansiedad generalizada y baja excitación sexual, con 45 mg/día durante 4 semanas.

Cinco de las seis pacientes recuperaron su excitación sexual y funcionamiento normal, sin ninguna señal de hipersexualidad.

No existen informes extensos sobre la eficacia de la buspirona en el tratamiento de disfunciones sexuales; sin embargo, muchos informes sobre el menor tiempo eyaculatorio en animales con buspirona sugieren que la buspirona puede facilitar el orgasmo en las mujeres y debiera probarse su uso en la disfunción orgásmica femenina.

APOMORFINA (6aR)-6-metil-5, 6,6a, 7-tetrahidro-4H-dibenzo [de, g] quinolina-10,11-diol):

Derivado sintético de la morfina

Se usa para tratar episodios inusuales (dificultad momentánea de movimientos, dificultad para caminar y hablar) en los pacientes con enfermedad de Párkinson (un trastorno del sistema nervioso que causa dificultades con los movimientos, el control muscular y el equilibrio).

Está siendo clínicamente ensayada para el tratamiento de trastornos eréctiles. Se ha demostrado su eficacia en producir la erección peneana, estimula de modo directo el óxido nítrico.

Se tomaría poco tiempo antes de la actividad sexual.

Podría ser eficaz para facilitar el orgasmo femenino por tener un efecto de vasodilatación genital local y una acción central en áreas cerebrales que inducen la respuesta sexual.

No se han realizado investigaciones sobre efectos de la apomorfina oral en mujeres. Los hallazgos iniciales demuestran sinergia entre la dopamina, el óxido nítrico y la testosterona.

Esto sugiere que la mezcla de sildenafil (Viagra) con agentes dopaminérgicos como apomorfina y/o testosterona podrían utilizarse para tratar disfunciones femeninas.

Se comercializó en Europa como Uprima (Laboratorio farmacéutico ABBOTT) para el tratamiento de la disfunción eréctil.

OXITOCINA (1-({(4R,7S,10S,13S,16S,19R)-19-amino-7-(2-amino-2-oxoethyl)-10-(3-amino-3-oxopropyl)-16-(4-hydroxybenzyl)-13-[(1S)-1-methylpropyl]-6,9,12,15,18-pentaoxo-1,2-dithia-5,8,11,14,17-pentaazacycloi-cosan-4-yl}carbonyl)-L-prolyl-L-leucylglycinamide):

Con la resonancia magnética (permite hacer imágenes del funcionamiento del cerebro), los científicos han observado que al recibir un abrazo, un apretón de manos o una caricia se libera oxitocina.

En el hombre se libera mucho menos.

La hormona de los mimosos o del amor

Esta hormona, la oxitocina, produce placer. Es creada por los núcleos supraóptico y paraventricular del hipotálamo...

Eso explica por qué las mujeres pasan gran parte del tiempo con amigas y por qué les gusta ser abrazadas constantemente.

Para que un abrazo produzca oxitocina suficiente para una mujer debe durar más de un minuto, y tiene que ser tranquilo, no el tipo de abrazo masculino, con palmadas, etc.

Las mujeres no abrazan así, a los hombres esa cercanía los pone nerviosos ya que liberan poca oxitocina más bien vasopresina.

Hormona relacionada con los patrones sexuales y la conducta maternal y paternal que actúa también como neurotransmisor en el cerebro. También llamada,

Hormona de los mimosos

En las mujeres, se libera en grandes cantidades tras la distensión del cérvix uterino y vagina durante el parto, así como en respuesta a la estimulación del pezón por la succión del bebé, facilitando por tanto el parto y la lactancia.

Los principales estímulos que provocan la liberación de la oxitocina hacia la corriente sanguínea son la succión del pezón, estimulación de genitales y distensión del cuello uterino, conociéndose a este estímulo reflejo de Ferguson.

Se piensa que su función está asociada con el contacto y el orgasmo. Algunos la llaman la "molécula del amor" o "la molécula afrodisíaca". Esta hormona está presente cuando se disfruta un orgasmo, tanto en hombres como en mujeres.

De igual modo, cuando una persona se enamora, la hormona que aparece en su cerebro es la oxitocina.

Anderson-Hunt y Dennerstein (Departamento siquiatría Universidad Melburne) han descrito excitación sexual y orgasmo en dos ocasiones en una mujer de 26 años a la que se le aplicó dos sprays de oxitocina sintética para facilitar la bajada de leche luego del parto.

La oxitocina estimula la respuesta sexual de los animales machos y hembras. En ratas, la oxitocina estimula la erección a través de un aumento del óxido nítrico.

Al igual que con el sildenafil y la apomorfina, la vasodilatación genital femenina aumenta por inducción de mecanismo del óxido nítrico.

La oxitocina se activa por la presencia de estrógeno, de modo que la terapia estrogénica de reemplazo postmenopáusica podría resolver un estado de déficit menopáusico de oxitocina.

La oxitocina juega un papel importante en la empatía, el apoyo y en la expresión de nuestros sentimientos por tanto influye directamente en las relaciones de pareja. De ahí la importancia del abrazo y las caricias a su pareja. Haga que su pareja produzca oxitocina.

El amor es química pura

Sugerencias que debe tener en cuenta

Los animales emiten olores naturales que atraen o rechazan hacia ellos a su sexo opuesto y cada día hay más pruebas que la especie humana se comunica a través de una química silenciosa como son las feromonas.

Se llaman feromonas a las sustancias que producen tales olores en la transpiración.

Esta palabra cuyo origen es griego que significa portador de excitación que se captan por la nariz.

El aroma característico de cada persona se da gracias a secreciones olorosas de dos clases de glándulas distribuidas en la piel humana:

Glándulas sebáceas: las cuales liberan líquido graso o sebo.

Glándulas apócrinas: Estas segregan líquido acuoso. Estas glándulas producen una sustancia esteroide igual a la que se produce en los cerdos y se conoce como feromona del apareamiento

Las más potentes son:

Las androsteronas

Estas se encuentran en las secreciones axilares, principalmente en el hombre. Dan señal de fuerza y agresividad a la mujer.

Los androsteroles

Pertenecen al sudor, se relacionan con la fertilidad juvenil, tienen su máximo efecto a los 20 años.

Las copulinas

Las copulinas, se hayan en la secreción vaginal de mujeres fértiles, indicando indiscutiblemente madurez sexual. Es necesario tomar en cuenta que las píldoras anticonceptivas bajan la producción de esta feromona.

Las feromonas

Son los afrodisíacos químicos naturales por excelencia. Cada persona emite su propia mezcla de feromonas, lo cual es un rasgo tan individual como las huellas digitales.

Se sospecha que los humanos también son capaces de intercambiar información a través de feromonas.

Como es así en el ciclo menstrual.

También las feromonas intervienen en la elección de la pareja, por lo tanto aquí se incluye la dominancia.

Deje que sus feromonas se expandan

El aroma característico de cada persona se da gracias a secreciones olorosas de dos clases de glándulas distribuidas en la piel humana y estos olores son de gran importancia ya que afectan la conducta humana:

Las píldoras anticonceptivas bajan la producción de la feromona copulina

Las feromonas contenidas en el sudor y el generado por los genitales y otras partes del cuerpo actúan como el más poderoso de todos los afrodisíacos, conforman un conjunto de "olores no perceptibles" que predisponen atracción o rechazo por el sexo opuesto.

Debería revisarse los conceptos de higiene aceptados hoy en día, quizás en aras de oler "bien" hacemos un uso excesivo de sustancias desodorantes enmascarando las feromonas.

No se empeñen en matar sus olores corporales naturales, que a final de cuentas son los encargados de atraer a sus parejas

No es necesario ir a un encuentro sexual y lavarse la cabeza con un champú de limones del Caribe, utilizar un enjuague bucal de menta a excepción de que usted tenga halitosis, rociarse un splash de violeta, untar su cuerpo con la crema más cara del mundo elaborada artesanalmente en cristales y platino que indica estira, ilumina, tensa e hidrata la piel del rostro y el cuerpo con esencia de Clé de peau, vaciarse un perfume de una edición limitada de la firma italiana Bulgari, aplicarse un desodorante de aloe vera que indica tiene múltiples propiedades, ya que al final usted no olerá a usted y perderá la magia de los aromas naturales que despiertan la pasión de su pareja.

La ventaja de estas feromonas es que no tienen ningún tipo de contraindicaciones y que para su uso, todo depende del tipo de relación que se establezca en la pareja.

No espere que los afrodisíacos sean mágicos

Muchas veces los resultados de los estudios científicos sobre este tema son utilizados de una manera partidista o demasiado simplista e ingenua basándose en alguna analogía en fármacos que se utilizan para la disfunción eréctil.

Lo que comúnmente denominamos "Afrodisíacos" son placebos, cualquier otra cosa o simplemente diuréticos, lo que le puede ocurrir es que usted orine con más frecuencia (el café es un ejemplo, la sandía, etc).

Carecen de toda base clínica seria, no se respalda con ningún estudio clínico en humanos y además no está controlada con placebo (se llama efecto placebo al fenómeno por el cual los síntomas de un paciente pueden mejorar con un 'falso' tratamiento, aparentemente porque el enfermo espera o cree que funciona)

Los diuréticos pueden ser sexualmente estimulantes, y puede aumentar su deseo sexual, pero no espere que tengan una influencia importante en su deseo sexual.

Por tanto el 'efecto placebo' juega un papel fundamental en muchos casos. Es decir, podemos notar muchas cosas tras comer sandia si realmente esperamos notarlo.

De todas formas si lo desea aplíquelos en un entorno apropiado.

El deseo sexual tiende a estar asociado con escenarios diferentes para diferentes personas, cree un momento mágico preparando su intimidad.

Tenga cuidado con las hierbas y mezclas de hierbas que prometen aumentar su libido.

Algunos pueden causar erecciones incómodas que no desaparecen durante horas, y aumentar el riesgo de un paro cardíaco, haciendo que el corazón late demasiado rápido, como Yohimbina.

Hable con su médico antes de tomar Yohimbina para ver si puede ser que sea seguro para intentarlo o si puede haber una receta alternativa más segura.

Nunca use una receta "para mejorar el rendimiento" de drogas como el Viagra, que no se le haya recetado a usted, ya que puede no ser seguro para usted, debido a una condición preexistente que tenga, como la presión arterial alta.

Es el trabajo de su médico, para asegurarse de que un medicamento recetado es seguro para que usted pueda tomarlo, y que le diga cuál es la dosis para iniciar los casos, especialmente si va asociado a la toma en combinación con cualquier medicamento que le hayan recetado.

Esteroides ilegales pueden aumentar su libido, pero de momento el costo es demasiado alto.

Pueden causar daño a largo plazo a su corazón y cambios irreversibles en su cuerpo que nunca se podrá recuperar.

Hay muchísimos suplementos naturales y legales que pueden utilizarse en su lugar, para obtener más fuerza y para lograr resultados similares a los experimentados con esteroides, sin riesgo de lastimarse a sí mismo permanentemente.

Un primer paso hacia el aumento de su libido, está eliminando la droga y el alcohol

Si fuma tabaco a diario, bebe alcohol todos los días, o participa en una variedad de otros tipos de consumo de drogas (anfetaminas, cocaína, heroína, etc.), es posible que cualquier medida que esté tomando para abordar los problemas de rendimiento o la libido sexual vaya en menoscabo de lo que busca, ya que todas estas sustancias suprimen la producción de testosterona. Por ejemplo, sólo una copa de alcohol suprime la producción de testosterona y disminuye su capacidad para aumentar la masa muscular, para un máximo de 24 horas.

Cambie estos hábitos primero, y luego trabaje en algunos de los otros pasos descritos anteriormente para recuperar su libido normal y su capacidad para tener y disfrutar del sexo otra vez.

Si ha perdido la capacidad de interés en el sexo de una forma alarmante, le consejo solicitar asesoramiento de un profesional cualificado Doctores, Psicólogos, Psicoterapeutas, etc.

La cocaína provoca disfunciones sexuales

En el mercado clandestino suelen haber dos tipos de cocaína:

El clorhidrato de cocaína y el crack. Tiene fama de ser capaz de aumentar la excitación y la respuesta sexual; pero, si bien es cierto que se cita con frecuencia a la cocaína como un fuerte estimulante sexual, también se sabe que provoca disfunciones sexuales.

Robert Kolodny indica que el 17 % de los 168 cocainómanos estudiados presentaron disfunciones eréctiles al consumir coca, y el 4 % había padecido priapismo (erección mantenida y dolorosa) al menos 1 vez inmediatamente después de consumir coca, así como una importante pérdida en el interés sexual e impotencia situacional. Algunos consumidores creen que frotar la punta del clítoris con coca aumenta la sensibilidad y excitación sexual de la mujer. El hecho es que la cocaína es un potente anestésico local, es evidente la sugestión en este campo.

La cocaína, estimula el SNC (Sistema Nervioso Central), puede facilitar una transmisión más eficiente de los mensajes nerviosos. Sus efectos eufóricos cambian la percepción de uno mismo y de sus propias experiencias o interacciones sexuales, pero tras los momentos de euforia aparece la caída y los momentos de depresión.

El uso prolongado de la cocaína puede producir un deterioro del SNC con lo cual hará disminuir el funcionamiento sexual.

La mujer y el sexo

A lo largo de los años sobre las mujeres se han cernido grandes sombras que aún persisten acerca de su sexualidad.

A las mujeres les interesa el sexo tanto como a los hombres

Parece existir resistencia a dirigir una investigación sobre la sexualidad de las mujeres, particularmente con respecto a substancias que pueden mejorar el deseo y el funcionamiento sexual.

Falta de conocimiento sobre la sexualidad femenina

Dada la falta de conocimiento sobre la sexualidad femenina y la dificultad para obtener financiamiento en esta área polémica, los investigadores son reacios a realizar estudios de este tipo.

Poco a poco se viene reconociendo la posibilidad de mejorar la sexualidad de las mujeres a través del tratamiento farmacológico de los trastornos sexuales femeninos.

Se están empezando a usar algunas medicaciones, solas y combina-das, en los problemas sexuales femeninos evitando resoluciones simplistas.

Nuevos tratamientos farmacológicos profundizan sobre todos los aspectos de la sexualidad femenina.

La investigación de la sexualidad femenina es escasa

Hay una gran escasez de investigación científica y clínica en el campo sobre todo de la sexualidad de la mujer que nace más de factores sociológicos que de la necesidad médica.

Hay obstáculos al intento de realizar este tipo de investigación debido a prejuicios y temores sobre la sexualidad, sobre todo de la sexualidad femenina, están presentes de forma negativa hoy en día tabúes, reticentes a que haya una igualdad en el disfrute de la sexualidad en hombres y mujeres.

Digamos que...

La Sexualidad sigue siendo una gran desconocida, que vive en el Torreón del Desconocimiento custodiada por fieros centinelas

Conclusión libro

El paso de los años ha dado origen a una gran cantidad de mitos y tabúes acerca de la sexualidad que puede crear en determinados casos angustia y malestar

"Cómo Aumentar su Deseo Sexual" no es una lista de prescripciones. Es un aro dorado que emerge de la ciencia y así pueda buscar en el castillo de su cuerpo la solución para no ser un rey o reina abandonado/a en su cuerpo.

Enfoca de una forma analítica para que identifique, afronte y modifique pensamientos y actitudes a la vez que proporciona datos constructivos para construir su mundo interno.

Por ello querido lector con este libro he querido acercarle a las claves que le lleven a resultados positivos en su "Yo sexual".

Conseguirá dar pasitos adelante hacia la felicidad, a la vez que vivirá plenamente.

Un consejo

Abra su mente

Piense que la vida le ofrece infinitas posibilidades para disfrutarla y para ello necesita la calidad de una vida sexual, pues la vida es un conjunto de notas musicales que si las toca bien le llevan a ser feliz.

Despedida

Es el momento final de este libro querido lector y como siempre dejo una parte de mí en él.

Ahora que ya he acabado quiero decirle que la sexualidad todavía es un tema tabú, sigue sin haber una educación que incluya una información correcta, veraz y concreta. Muchas mujeres sufren complejos, miedos y tapujos que aniquilan cualquier posibilidad de disfrutar de un encuentro carnal

Jean-Paul Sartre decía que la caricia "No es un simple roce de epidermis"

La sexualidad es una creación compartida, producción y hechuras

Porque cuando acariciamos, no solo pretendemos manifestar nuestros sentimientos y sentidos, sino que necesitamos sentir lo que la otra persona siente y desea.

Si no recibimos esos estímulos que deseamos a través de los sentidos, de forma recíproca (los cuales no se limitan a una caricia tierna y amorosa o dicho de otra forma al roce suave y amoroso), si estos no los experimentamos, nos sentiremos rechazados y defraudados.

Ármese de coraje pues vale la pena que ponga en la práctica las claves del libro y así notar el palpitar de sus sentidos.

Ha llegado el momento de cerrar este libro y mientras me voy, sé que estoy dejando a un amigo. Un amigo que va a cumplir un sueño feliz.

Todo lo que vívidamente imagine, ardientemente desee, sinceramente crea y entusiastamente emprenda, inevitablemente sucederá

ANEXO 1 Test de Inteligencia Sexual

La inteligencia sexual es la que define nuestra capacidad de disfrutar o también la imposibilidad de hacerlo.
Hay personas que fácilmente se inhiben, se reprimen o se confunden en el manejo de sus emociones.
La inteligencia sexual es algo a lo que todas las personas pueden aspirar a conseguirla si no la tienen.
Para ser sexualmente inteligentes y tener unas relaciones sexuales mejores no debemos dejarlo sólo a la suerte de la belleza o de tener una seducción innata. Responde a unas habilidades que las personas pueden adquirir, desarrollar y dominar con el tiempo. Unos las han adquirido y otros no, en mayor o menor grado.
Este test le invita a saber cómo esta uno/a en este aspecto, fue desarrollado por los psicólogos Sheree Conrad y Michael Milburn, profesores e investigadores de la Universidad de Massachusetts-EUA. Ellos nos indicaron que:

La inteligencia sexual se puede medir

Test de inteligencia sexual

Elija la respuesta que más se acerque a su experiencia y haga una cruz en la letra; recuerde que para que funcione es necesario ser honesto consigo mismo y comience a realizarlo.

1. Hablar de su sexualidad con su pareja, le ocurre:
A) Siempre, para hacerle comprender lo que me gusta, y porque me parece excitante. Así de simple.
B) A veces. Sobre todo para decirnos el uno al otro lo que más nos gusta.
C) Muy raramente. Sólo cuando las cosas no andan bien.
D) No tenemos necesidad de hacerlo. Hacemos el amor, y basta; no hace falta disertar acerca de eso.

2. De un tiempo a esta parte está sintiendo menos deseos hacia él/ella. ¿Cómo reacciona?
A) Hablo con él/ella.
B) Se lo hago comprender, pero sin hablar claramente.
C) Espero tranquilamente a que eso se arregle solo.
D) Trato de buscarme otra pareja.

3. Su mejor amigo/a le dice: parece que las cosas no van muy bien entre ustedes. Él/ella tiene razón: sexualmente están atravesando un desierto. ¿Qué le responde?
A) Nada. Yo jamás hablo de mi vida sexual con nadie.
B) Yo no le contaría nada, a no ser que las cosas anden francamente mal.
C) Me confiaría e él/ella, porque es la única persona a la que puedo contar casi todo lo que me pasa.

4. Un(a) adolescente le pide consejo en materia de sexualidad. ¿Cómo reacciona?
A) Le dice que no tenga relaciones sexuales demasiado pronto.
B) Le explica cómo protegerse de las ETS (enfermedades de transmisión sexual), y del embarazo no deseado.
C) Le aconseja algunos libros de educación sexual.
D) Trato de recordar cómo era yo a esa edad, y de comprender lo que realmente este(a) adolescente necesita saber ahora, para hablarle de lo que la vida me ha enseñado.

5. Usted no tiene ganas de hacer el amor, pero él/ella insiste. ¿Qué hará?
A) Jamás cedo si yo no tengo deseos.
B) Acepto con tal de que haya paz, pero no siento ningún placer.
C) Termino por ceder si es que él/ella se las arregla para entusiasmarme.
D) Acepto, simplemente porque me agrada causarle placer.

6. Acaba de conocer a la otra persona; se siente enamorado(a) a primera vista, y espera que va a ser una relación durable. ¿Cuándo hace el amor?
A) Prefiero esperar hasta conocerlo(a) mejor.
B) Le pido hacer el amor a la primera o segunda salida juntos.
C) Inmediatamente. No hay que perder el tiempo.

7. ¿Qué piensa de la "reconciliación en la cama"?
A) Pienso que hacer el amor no soluciona los problemas ni desacuerdos.
B) Cuando estamos enojados, hacemos el amor para evitar hablar.
C) El sexo hace bajar la tensión cuando andamos mal.
D) Prefiero hacer el amor cuando nuestros problemas ya han sido resueltos.

8. ¿Cuándo piensa usted en el sexo?
A) Casi continuamente.
B) Todos los días, varias veces al día. El sexo es para mí una parte importante de la vida.
C) Alguna vez, pero sólo me pasa cuando no tengo nada que hacer.
D) Sólo cuando siento la necesidad de hacer el amor.

9. Él/ella le pide una práctica sexual que le desagrada profundamente. ¿Cómo reacciona?
A) Acepto, pero sólo por dar placer a mi pareja.
B) Trato de comprender por qué a él/ella le agrada eso, mientras a mí me desagrada.
C) Un NO rotundo. Nada de andar haciendo cosas sólo porque al otro (a) le gustan.
D) Me pregunto si estamos hechos el uno para el otro. Si insiste demasiado prefiero terminar la relación.

10. En general, después de hacer al amor, se siente:
A) Sobre todo deprimido/a
B) Con un cierto vacío interior.
C) Expansionado/a y en plenitud.
D) Normal.

11. Si su fantasía favorita fuera la de hacer el amor con dos personas a la vez. ¿Se lo contaría a su pareja?
A) Me horrorizaría sólo de pensar que alguien pudiera darse cuenta de lo que pasa por mi mente.
B) De ninguna manera quiero que mi pareja se dé cuenta; me sentiría pésimo.
C) No hablaría de esto, pero puede que resultara excitante contárselo.
D) Mi pareja conoce de sobra todas mis fantasías sexuales.

12. ¿Se siente atraído por un tipo de hombre o mujer en especial?
A) Sí, siempre he tenido experiencias de amor con el mismo tipo de personas.
B) Sí, pero en mis experiencias amorosas no he elegido necesariamente personas de mí mismo tipo.
C) Yo puedo sentirme atraído/a por todo tipo de personas.
D) Jamás me he detenido a pensar si un determinado tipo de hombre o de mujer me atrae más que otro.

13. Si se viera tentado(a) a engañar a su pareja, ¿Cómo se sentiría ante ella?
A) Me sentiría mal ante la idea de que él/ella pudiera sufrir.
B) Me imagino que no me preocuparía de sus sentimientos.
C) Jamás seré infiel. Es algo contrario a mi idea de pareja.
D) Lo que me detendría es la posibilidad de que él/ella pudiera descubrirme.

14. ¿De qué manera cree que su físico cuenta en su sexualidad?
A) Mi físico me acompleja, y eso cuenta mucho en mi sexualidad.
B) Cuando me siento amado/a supero todos mis complejos.
C) Creo que tengo poder de seducción, y eso favorece mi sexualidad.
D) Mis complejos deterioran completamente mi vida sexual.

15. Imagine que raramente siente necesidad de hacer el amor cuando su pareja lo desea, y eso le preocupa. ¿Cómo explica esta falta de sintonía?
A) En materia de deseos hombres y mujeres nunca están en la misma longitud de onda.
B) Nunca soy capaz de mostrar mis deseos a la otra parte para despertar los suyos.
C) Nunca he encontrado mi media naranja.
D) Ese es el eterno problema: hombres y mujeres son el opuesto el uno del otro, y no hay nada que hacer.

16. Según su parecer, ¿qué relación existe entre sexo y amor?
A) Se puede amar a cualquier persona sin sentir deseo sexual hacia ella, y se puede sentir deseo hacia alguien sin necesidad de amarla.
B) Si ambos sienten gran deseo del uno hacia el otro es porque hay amor.
C) Pienso que es necesario estar enamorados para poder sentir deseo.

17. ¿De qué manera sus padres le hablaron del tema sexual?
A) Jamás tocaron el tema.
B) Se refirieron al tema pero siempre desde el aspecto moral.
C) Me hablaron en forma franca y positiva, aunque la cosa no era tan clara para ellos.
D) Se les veía más bien incómodos respecto esto, y no me dijeron gran cosa, pero me ofrecieron buenos libros sobre el tema.

18. Usted conoce sus fantasías sexuales, pero ¿conoce las de los demás?
A) Supongo que la mayoría de hombres y mujeres tiene fantasías parecidas a las mías.
B) No tengo ni idea de cuáles pueden ser las fantasías de los demás.
C) Pienso que las fantasías de los otros son más normales que las mías.

19. ¿Cómo cree que será su vida sexual a los 70 años?
A) Falta mucho todavía; así es que no quiero ni pensarlo.
B) Espero que será tan buena como ahora.
C) Irá cada vez mejor. Estoy esforzándome para que así sea.
D) Ternura sobre todo.

20. "El sexo es bueno para la salud". ¿Qué piensa de esta afirmación?
A) El sexo no tiene nada que ver con la salud física. El que sea bueno o malo depende de la moral.
B) Es posible, pero no creo que esa afirmación se haya comprobado.
C) Sí, la ciencia ha probado que el sexo es bueno para la salud.

21. Los hombres y las mujeres.....
A) En general tienen dificultades para comprenderse.
B) En lo que a mí respecta nunca he comprendido su modo de actuar.
C) A pesar de las diferencias, hombres y mujeres se comportan de la misma manera.

RESULTADOS Test de Inteligencia Sexual

No leer hasta haber contestado el test por completo.
Sume el total de los puntos obtenidos, observando que algunos ítems contienen puntajes negativos.
Resultado máximo posible: 100 puntos.

1.	A = 5	B = 4	C = 1	D = -5	=
2.	A = 5	B = 3	C = 0	D = -6	=
3.	A = -4	B = 1	C = 5		=
4.	A = -5	B = 1	C = 1	D = 5	=
5.	A = 0	B = -3	C = 5	D = -5	=
6.	A = 5	B = 1	C = -5		=
7.	A = 5	B = 1	C = -5	D = 5	=
8.	A = -3	B = 5	C = -3	D = -5	=
9.	A = -1	B = 5	C = -1	D = -3	=
10.	A = -3	B = -1	C = 5	D = -1	=
11.	A = -5	B = -3	C = 5	D = 3	=
12.	A = 0	B = 1	C = 2	D = -1	=
13.	A = 5	B = -5	C = -2	D = -5	=
14.	A = -3	B = 0	C = 5	D = -5	=
15.	A = 0	B = 5	C = -4	D = -5	=
16.	A = 5	B = 0	C = -5		=
17.	A = -3	B = -5	C = 5	D = 4	=
18.	A = 5	B = 0	C = -5		=
19.	A = -4	B = 2	C = 5	D = -2	=
20.	A = -1	B = 0	C = 3		=
21.	A = 5	B = 0	C = 0		=
				TOTAL	=

EVALUACION

Si tiene más de 85 puntos:
Muy bien. Significa que se conoce bien y que se aceptas tal como es.
Se sabe comunicar, y sus conocimientos en materia de sexualidad están a punto.
Así podrá llevar a cabo una vida afectiva y sexual con entusiasmo y gozo.

Si tiene entre 70 y 85 puntos:
Bien. Posee un buen nivel de inteligencia sexual, aunque como todo el mundo, también tiene algunos puntos débiles.
Ponga atención en aquellos temas donde ha bajado más el puntaje, para corregirse y poder superarse.
Ya sabe que la formación y educación sexual siempre se puede mejorar, y que la relación más abierta con los demás puede cultivarse.
Lo más delicado es aprender a conocer el propio Yo sexual profundo.

Si tiene entre 60 y 70 puntos:
Más o menos. Ya sabe que su inteligencia sexual depende de tantas cosas que han sucedido en su vida, especialmente de cómo fue educado en este campo desde la infancia, y sobre todo, de la manera cómo fue buscando y encontrando información sobre el tema.
No siempre los datos que recibimos y el modo como los obtenemos es lo mejor.
Procure aprender sus deseos y los de los demás para que crezca en autoestima.
Reprimir o no asumir experiencias no felices en esta materia significa no superarlas nunca; sólo sabiendo aceptarse a sí mismo con humildad y verdad será capaz de crecer en libertad y amor.

Si tiene menos de 60 puntos:
Mal. Tiene que hacer progresos y proponerse algunas importantes tareas. Si el test lo ha respondido bien, y la información que le entrega sobre sí mismo es exacta, quiere decir que no ha tenido una buena formación y educación sexual.
Ha habido factores en su vida que no han contribuido a su buen desarrollo en este terreno, y nada pasa porque lo acepte, pues usted no es responsable de ello.
Ya sabe que sólo la verdad nos hace libres. Además la inteligencia sexual no es innata ni de tipo genético, es adquirida y cultivada, de modo que usted

puede esforzarse por llegar a conseguir las aptitudes que necesita. El hecho de que haya contestado este test con toda sinceridad, ya es un factor importante a su favor, pues quiere decir que se ha propuesto el desarrollo de su personalidad en crecimiento integral.

ANEXO 2 Test de la Disfunción Sexual Femenina

Este cuestionario fue creado para mujeres que creen que pueden tener una disfunción sexual femenina (DSF).
Lee los siguientes enunciados.

Piensa en los últimos tres meses y marque con una X en los casilleros de la derecha.

1.-No estoy satisfecha con mi vida sexual

A. Falso	1	
B. A veces	2	
C. Verdadero	3	

2.-Desearía que mi vida sexual fuera mejor

A. Falso	1	
B. A veces	2	
C. Verdadero	3	

3.-He notado un cambio reciente en relación a mi vida sexual

A. Falso	1	
B. A veces	2	
C. Verdadero	3	

4.-Mi interés por el sexo ha decaído

A. Falso	1	
B. A veces	2	
C. Verdadero	3	

5.-No tengo pensamientos eróticos o fantasías

A. Falso	1	
B. A veces	2	
C. Verdadero	3	

7.-Tengo sequedad vaginal durante la relación sexual

A. Falso	1	
B. A veces	2	
C. Verdadero	3	

8.-Tengo menos sensaciones placenteras durante la relación sexual

A. Falso	1	
B. A veces	2	
C. Verdadero	3	

9.-No me siento excitada o estimulada durante la relación sexual

A. Falso	1	
B. A veces	2	
C. Verdadero	3	

10.-Siento dolor durante la relación sexual

A. Falso	1	
B. A veces	2	
C. Verdadero	3	

11.-Mi vagina se tensa y contrae durante la relación sexual y resulta difícil de penetrar

A. Falso	1	
B. A veces	2	
C. Verdadero	3	

12.- Siento dolor con cualquier tipo de penetración vaginal

A. Falso	1	
B. A veces	2	
C. Verdadero	3	

13.-Siento dolor durante la relación sexual pero creo que estoy suficientemente lubricada y húmeda

A. Falso	1	
B. A veces	2	
C. Verdadero	3	

14.-No logro tener orgasmos

A. Falso	1	
B. A veces	2	
C. Verdadero	3	

15.-Tener un orgasmo para mí es más difícil ahora

A. Falso	1	
B. A veces	2	
C. Verdadero	3	

16.-Siento que mis orgasmos son menos intensos que antes

A. Falso	1	
B. A veces	2	
C. Verdadero	3	

17.-Tengo dificultades sexuales cuando tengo sexo con mi pareja pero no cuando me masturbo en soledad

A. Falso	1	
B. A veces	2	
C. Verdadero	3	

18.-Mis problemas sexuales comenzaron después de una enfermedad, sufrir una herida o una cirugía

A. Falso	1	
B. A veces	2	
C. Verdadero	3	

19.- Mis problemas sexuales comenzaron al mismo tiempo que tuvieron lugar en mí cambios como el embarazo, el nacimiento de un hijo, durante la ingesta de píldoras anticonceptivas, durante la menopausia o durante tratamientos de reemplazo hormonal o con psicofármacos (sedantes, antidepresivos)

A. Falso	1	
B. A veces	2	
C. Verdadero	3	

20.- Si por mí fuera podría prescindir de las relaciones sexuales

A. Falso	1	
B. A veces	2	
C. Verdadero	3	

21.- Pienso que le tengo aversión o fobia al sexo y lo evito por ello

A. Falso	1	
B. A veces	2	
C. Verdadero	3	

Una vez terminado,

Sume los números de todas las respuestas que haya marcado con las X.

Después consulte la evaluación en la página siguiente.

Ejemplo:

A. Falso	1	x	=1
B. A veces	2		
C. Verdadero	3		

......

A. Falso	1		
B. A veces	2		
C. Verdadero	3	x	=3

Total suma... =4

RESULTADOS Escala de Evaluación Femenina

De 22 a 32: **Normal**
De 33 a 42: **DFS leve a moderada**
De 43 a 66: **DFS marcada a severa**

Resultados superiores a 35 puntos en esta escala (meramente orientativa) podrían sugerir la necesidad de una consulta especializada para un diagnóstico sexológico y tratamiento adecuado.

ANEXO 3 Test Decaimiento Sexual Masculino

Como he indicado en diferentes capítulos del libro la Testosterona es muy importante para el deseo sexual y la correcta funcionalidad sexual masculina.

Es por lo que en este anexo le incluyo un test que le puede orientar sobre lo mencionado.

He elegido el cuestionario AMS, aunque existen otros dos que también son muy utilizados en la práctica clínica como son:

El Cuestionario ADAM (Androgen Deficiency in the Aging Male, de la Universidad de St. Louis, 1999):

De 10 preguntas: sensibilidad 88%, especificidad 60%.

Cuestionario MMAS (Massachusetts Aging Male Study):

De 8 preguntas, que incluye un subcuestionario de 12 preguntas sobre la actividad sexual: sensibilidad 76%, especificidad 49%.

Cuestionario AMS (Aging Males Symptoms, Heinemann LAJ, Zimermann T, Vermeulen A, Thiel C, Hummel W, 1999):

De 17 preguntas: sensibilidad 83%, especificidad 39%.

Al realizar este cuestionario se busca una probable deficiencia de testosterona, causante la mayoría de las veces del menor nivel de deseo sexual, relacionado con las funciones psicológicas, somáticas y sexuales. Este cuestionario se emplea con frecuencia en la práctica clínica. Denominado Cuestionario AMS.

Debe rellenar el cuestionario de 17 preguntas.
Marque mediante una cruz la casilla de la opción elegida.

Signos y síntomas a responder	No A	Leve B	Moderado C	Severo D	Muy Severo E
1-Disminución de la sensación general de bienestar (estado general de salud, estado subjetivo).	○	○	○	○	○
2-Dolor articular y muscular (lumbalgia, piernas, espalda, articulaciones, extremidades).	○	○	○	○	○
3-Sudoración excesiva (episodios inesperados/repentinos de sudoración, o sofocos)	○	○	○	○	○

Signos y síntomas a responder	No A	Leve B	Moderado C	Severo D	Muy Severo E
4-Problemas del sueño (dificultad en conciliar el sueño, levantarse temprano, sensación de fatiga, somnolencia).	○	○	○	○	○
5-Aumento de la necesidad de dormir, sensación de cansancio.	○	○	○	○	○
6-Irritabilidad (sensación de agresividad por pequeñas cosas, irritabilidad).	○	○	○	○	○
7-Nerviosismo (tensión interna, intranquilidad, impaciencia).	○	○	○	○	○
8-Ansiedad (sensación de pánico).	○	○	○	○	○
9-Cansancio físico/falta de vitalidad (disminución general del rendimiento, actividad reducida, falta de interés en actividades placenteras, sensación de hacer menos cosas, de lograr menos o de tener que forzarse para alguna actividad).	○	○	○	○	○
10-Disminución de la fuerza muscular (sensación de debilidad).	○	○	○	○	○
11-Ánimo deprimido (sensación de tristeza, al borde del llanto, falta de control, cambios drásticos de humor, sensación de inutilidad).	○	○	○	○	○
12-Sentimiento de haber pasado su mejor etapa.	○	○	○	○	○
13-Sentimiento de que está acabado o en baja.	○	○	○	○	○
14-Disminución del crecimiento de la barba.	○	○	○	○	○

Signos y síntomas a responder	No A	Leve B	Moderado C	Severo D	Muy Severo E
15-Disminución en su habilidad/frecuencia de desempeño en encuentros sexuales.	◯	◯	◯	◯	◯
16-Disminución del número de erecciones matutinas.	◯	◯	◯	◯	◯
17-Disminución del deseo sexual/libido (falta de placer durante el sexo, falta de deseo por el coito).	◯	◯	◯	◯	◯

RESULTADOS Test Decaimiento Sexual Masculino

Valoración de casillas
A=1; B=2; C=3; D=4; E=5
Sume los valores obtenidos y el valor total será el que mire en la evaluación en la página siguiente.

EVALUACION

Si puntúas entre:
17 y 26: es considerado como **normal**
27 y 36: el cuadro clínico es **leve**
37 y 49: el cuadro clínico es **moderado**
Más de 50: el cuadro clínico es **severo**

ANEXO 4 Test Inteligencia Emocional TMMS-24

TMMS-24 está basado en Trait Meta-Mood Scale (TMMS) del grupo de investigación de Salovey y Mayer.

INSTRUCCIONES:
A continuación encontrará algunas afirmaciones sobre sus emociones y sentimientos.
Lea atentamente cada frase e indique el grado de acuerdo o desacuerdo con respecto a las mismas, haciendo una cruz en la casilla correspondiente.
No hay respuestas correctas o incorrectas, ni buenas o malas.

No emplee mucho tiempo en responder.

Nada de acuerdo:	1
Algo de acuerdo:	2
Bastante de acuerdo:	3
Muy de acuerdo:	4
Totalmente de acuerdo:	5

1. Presto mucha atención a los sentimientos.	1	2	3	4	5
2. Normalmente me preocupo mucho por lo que siento.	1	2	3	4	5
3. Normalmente dedico tiempo a pensar en mis emociones.	1	2	3	4	5
4. Pienso que merece la pena prestar atención a mis emociones y estado de ánimo.	1	2	3	4	5
5. Dejo que mis sentimientos afecten a mis pensamientos.	1	2	3	4	5
6. Pienso en mi estado de ánimo constantemente.	1	2	3	4	5

7. A menudo pienso en mis sentimientos.	1	2	3	4	5
8. Presto mucha atención a cómo me siento.	1	2	3	4	5
9. Tengo claros mis sentimientos.	1	2	3	4	5
10. Frecuentemente puedo definir mis sentimientos.	1	2	3	4	5
11. Casi siempre sé cómo me siento.	1	2	3	4	5
12. Normalmente conozco mis sentimientos sobre las personas.	1	2	3	4	5
13. A menudo me doy cuenta de mis sentimientos en diferentes situaciones.	1	2	3	4	5
14. Siempre puedo decir cómo me siento.	1	2	3	4	5
15. A veces puedo decir cuáles son mis emociones.	1	2	3	4	5
16. Puedo llegar a comprender mis sentimientos.	1	2	3	4	5
17. Aunque a veces me siento triste, suelo tener una visión optimista.	1	2	3	4	5
18. Aunque me sienta mal, procuro pensar en cosas agradables.	1	2	3	4	5
19. Cuando estoy triste, pienso en todos los placeres de la vida.	1	2	3	4	5
20. Intento tener pensamientos positivos aunque me sienta mal.	1	2	3	4	5
21. Si doy demasiadas vueltas a las cosas, complicándolas, trato de calmarme.	1	2	3	4	5
22. Me preocupo por tener un buen estado de ánimo.	1	2	3	4	5
23. Tengo mucha energía cuando me siento feliz.	1	2	3	4	5
24. Cuando estoy enfadado intento cambiar mi estado de ánimo.	1	2	3	4	5

Resultados Test de Inteligencia Emocional

La corrección para la obtención de puntuación en cada uno de los factores, se debe sumar los ítems.
Del 1 al 8 para el factor **atención emocional** =
Del 9 al 16 para el factor **claridad emocional** =
Del 17 al 24 para el factor **reparación de las emociones** =

Posteriormente se debe de mirar la puntuación en cada una de las tablas que se presentan.
Se muestran los puntos de corte para hombres y mujeres, ya que existen diferencias en las puntuaciones para cada uno de ellos.
- **Atención**: Capacidad de sentir y expresar sentimientos de forma adecuada.
- **Claridad**: Comprende bien sus estados emocionales.
- **Reparación**: Es capaz de regular estados emocionales de forma adecuada.

Puntuaciones

ATENCIÓN EMOCIONAL	
HOMBRES	*MUJERES*
Debe mejorar su atención: presta poca atención. Menor o igual **21**	Debe mejorar su atención: presta poca atención. Menor o igual **24**
Adecuada atención. De **22 a 32**	Adecuada atención De **25 a 35**
Debes mejorar su atención: presta demasiada atención. Mayor de **33**	Debe mejorar su atención: presta demasiada atención. Mayor de **36**

CLARIDAD	
HOMBRES	*MUJERES*
Debe mejorar su claridad. Menor o igual **25**	Debe mejorar su claridad. Menor o igual **23**
Adecuada claridad. De **26 a 35**	Adecuada claridad De **24 a 34**
Excelente claridad. Mayor de **36**	Excelente claridad. Mayor de **35**

REPARACIÓN	
HOMBRES	*MUJERES*
Debe mejorar su reparación. Menor o igual **23**	Debe mejorar su reparación. Menor o igual **23**
Adecuada reparación De **24 a 35**	Adecuada reparación De **24 a 34**
Excelente reparación. Mayor de **36**	Excelente reparación. Mayor de **35**

Bibliografía

PARA EL LECTOR INTERESADO

Laguna, J., Piña, E., Martínez, F., Pardo, J. y Riveros, H. (2006). Bioquímica de Laguna. México: El Manual Moderno.

Massaki G., M., Pereira F. de P., Amante M., H. y Alencar M., M.E. (2011). Pseudoporphyria induced by dialysis treated with oral N-acetylcysteine. Anais Brasileiros de Dermatologia, 86, 2.

Saleem, S., Zhuang, H., Biswal, S., Christen, Y. y Doré, S. (2008). Ginkgo biloba extract neuroprotective action is dependent on heme oxygenase 1 in ischemic reperfusion brain injury. Journal of the American Heart Association.

Los secretos de salud de los antioxidantes doctora Celine Causse, Hispano europea editorial (2010).

El milagroso poder de la melatonina, doctor Neil Stevens, Hispano europea editorial (2010).

Bioquímica aplicaciones clínicas Thomas M Devlin Editorial Reverte.

Capot Chemical CO EEUU (www.capotchem.com) Productos químicos finos compuestos orgánicos.

Tesis doctoral Magdalena Valdivieso Ugarte Obtención y caracterización de cepas saccharomyces cerevisie superproductoras de glutatión realizados en el Departamento de Biotecnología de Puleva Biotech S.A Editorial Universidad de Granada DL Gr 843-2006 ISBN 84-338-3821-0.

Alimentos funcionales (aproximación a una nueva alimentación) Editores Instituto General de Salud Pública y Alimentación (coordinación de la edición Subdirección General de Alimentación Madrid) ISB 978-84-690-9493-8.

Edición matronas profesionales Matronas Prof. 2009; 10 (2): 16-18 J.L. López Larramendi.

Director científico de Fitoterapia Aplicada. FEFE-Fundación tripartita. Director de cursos de fitoterapia del Colegio Oficial de Farmacéuticos. Asesor de Eupharlaw-Infito. Consultor e investigador en fitoterapia.

Últimos estudios clínicos de la Maca sobre el deseo sexual en la mujer.

Alexander J, Dennerstein L, Burger H, Graziottin A. Testosterone and libido in surgically and naturally menopausal women. Womens Health. 2006; 2:459-457.

Kinsberg S. Testosterone treatment for hypoactive sexual desire disorder in postmenopausal women. J Sex Med. 2007; 4 suppl 3:227-234.

Cardiólogo y especialista en nutrición: Dr. Lair graduado de la Universidad Federal de Juiz de Fora – MG en Cardiología en el PUC y formación médica en la Universidad de Harvard como becario de investigación (1976-1978). Adelgazar comiendo editorial Urano ISBN 9788479531171.

Mireya Vivas, Domingo Gallego y Belkis González. Educar emociones Editorial C. A.

Agencia EFE, El Mundo, La vanguardia y otros.

Juan Pablo Álvarez A. Ingeniero-Químico. Perder Peso (El secreto de las partículas de la vida. España. Sin pasar hambre, sin hacer ejercicio de forma saludable.2017 ISBN

Revista Gestión Práctica de Riesgos Laborales, Nº 50, Pág. 14, Sección Artículos, 01 de Junio de 2008 Estrés laboral, factor de riesgo de accidente cerebro vascular (I) César Alfredo Martínez Plaza, Médico del Trabajo y coordinador de Sistemas de Prevención, Instituto Nacional de Seguridad e Higiene en el Trabajo (INSHT).

Mayer, JD, Roberts, R D, Barsade, SG.Human abilities: Emotional intelligence.Annual Review of Psychology 2008; 59:507-536.

Libido. Las Hormonas del deseo sexual Doctor José Luis Doval Conde y doctora Susana Blanco Pere Complexo Hospitalario Ourensan ponencias.

Inzucchi SE, Sherwin RS. Type 1 diabetes mellitus. In: Goldman L, Ausiello D, eds.*Cecil Medicine*. 24th ed. Philadelphia, Pa: Saunders Elsevier; 2011: chap 247.

William Masters, Virginia Johnson, Robert Colodny. La sexualidad humana. Grijalbo, Barcelona, 1987.

Aizpiri Díaz J, Barbado Alonso JA, Coronado Romero D, Fernández Camacho F, Gonçalves Estella F, Rodríguez Sendín JJ, Serna de Pedro I, Solla Camino JM. Habilidades en Salud Mental para médicos generales, 2ª edición actualizada, cap. 28, pág. 357-370. Sociedad Española de Medicina General. Madrid, 1996.

Otero A, Vallés C. Trastornos psicosexuales. En: Roznan C y otros (Eds.): Farreras-Roznan: Medicina Interna, 13ª edición, pág. 1588-1589. Harcourt Brace.Madrid, 1995.

Sarfati Y. Trastornos sexuales y psiquiatría. En: Praxis Médica: clínica y terapéutica, vol. VII, cap. 7.981. Praxis Médica, SA. Madrid, 2000.

Doctores Judy y Walter Gaman y Mark Anderson. Libro Manténgase joven: 10 pasos probados para la salud ideal

León Roberto Gindin Médico sexólogo. Buenos Aires (1426). CETIS (Centro de Sexología) Organo de difusión de la AAP - Asociación Argentina de Psiquiatras.

Diana Resnicoff Psicóloga y Sexóloga Clínica. Órgano de difusión de la AAP - Asociación Argentina de Psiquiatras.

Rak, S. The Hormone of Desire: The Truth about Sexuality, Menopause, and Testosterone. New York: Harmony Books; 1996.

Shekelle PG, Hardy ML, Morton SC, et al. Efficacy and safety of ephedra and ephedrine for weight loss and athletic performance: a meta-analysis. JAMA 3-26-2003; 289 (12):1537-1545.

Valerio Albisetti psicólogo Se puede vencer el miedo ¿si puo vinceré la paura? Milano Italia y Editorial Paulinas Santiago de Chile.

Grupo de Trabajo de Hipnosis Psicológica del Colegio Oficial de Psicólogos de la Comunidad Valenciana.

Freud, Sigmund. Obras completas de Sigmund Freud. Volumen VII - Tres ensayos de teoría sexual, y otras obras (1901-1905), «Fragmento de análisis de un caso de histeria» (Caso «Dora»). Traducción José Luis.

Etcheverry. Buenos Aires & Madrid: Amorrortu editores. ISBN 978-950-518-583-2.

Test de la disfunción sexual femenina ref. Sexo vida psicología.

Ruano Raviña A CT 2005/03 informes técnicos Avalia-T Avaliación de Tecnoloxías Sanitarias de Galicia.

Biología: la unidad y diversidad de la vida Cecie Starr, Ralph Taggart Cengage Learning Editores.

Dr. José Luis Doval Conde Dra. Susana Blanco Pérez Complexo Hospitalario Ourensan.

www.ingramcontent.com/pod-product-compliance
Lightning Source LLC
Chambersburg PA
CBHW061452300426
44114CB00014B/1947